U0740997

活好自己
顺萃育儿

你的花卷妈

真希望妈妈这样和我说话

花卷妈（杨洋） 著

人民邮电出版社

北 京

图书在版编目（ＣＩＰ）数据

真希望妈妈这样和我说话 / 花卷妈著. -- 北京 ：
人民邮电出版社，2023.12
ISBN 978-7-115-62702-5

Ⅰ．①真… Ⅱ．①花… Ⅲ．①儿童教育－家庭教育
Ⅳ．①G782

中国国家版本馆CIP数据核字(2023)第203189号

◆ 著　　　花卷妈（杨洋）
责任编辑　马雪伶
责任印制　胡　南

◆ 人民邮电出版社出版发行　　北京市丰台区成寿寺路 11 号
邮编　100164　　电子邮件　315@ptpress.com.cn
网址　https://www.ptpress.com.cn
三河市中晟雅豪印务有限公司印刷

◆ 开本：880×1230　1/32
印张：7　　　　　　　2023 年 12 月第 1 版
字数：132 千字　　　2023 年 12 月河北第 1 次印刷

定价：59.80 元

读者服务热线：(010)81055410　印装质量热线：(010)81055316
反盗版热线：(010)81055315
广告经营许可证：京东市监广登字 20170147 号

内容提要

　　很多父母知道培养孩子需要用科学的方法，但是令他们头疼的是，很多方法他们还没来得及实施，就在沟通上败下阵来。"看见"孩子，和孩子"好好说话"，对父母来说是必修课。

　　本书内容是作者多年一线指导经验的集合，提供了实用、有效、针对性强的亲子沟通方法。全书分为三篇，共七章。在沟通心法篇中，讲述如何重新认识自己、重新认识孩子，走出教育的误区，学会顺势养育；在沟通技法篇中，介绍了七大沟通方法和一个万能沟通模型，教读者提升沟通能力；在沟通应用篇中，讲解家庭教育中的常见问题，包括如何应对孩子的情绪、如何与孩子谈论学习以及如何帮助孩子改掉不良习惯。

　　如果你跟孩子的沟通存在问题，欢迎你翻开这本书，开启全新的亲子沟通之旅！

序

这是一本"温柔"的书，也是一本实用的书

苏西　十点读书前副总裁

几年前，从决定要孩子的那一天起，我就开始学习怎样做一个好妈妈。

我一头扎进图书馆，读了各种关于养育、教育孩子的图书，有中文版的，也有英文版的。我至今还记得一本书中有这样一句话：我们不但要有一颗爱孩子的心，更要懂得如何爱孩子。

可是，怎样做才能成为一个懂孩子的妈妈呢？

养育孩子这么多年，我其实也用了很多错误的方式对

待孩子，可惜时光不能倒流，这也成为我的遗憾并时常让我感到愧疚。幸运的是，我身边就有一位这方面的专家——花卷妈！

认识花卷妈很多年了，她曾经是一位优秀的早教老师，现在是一位在互联网平台上拥有几百万粉丝的教育博主，更是一位出色的母亲！她一路走来，有笑，有泪，有满满的收获，更肩负沉甸甸的责任……

不用我多说，你也知道做到这些有多难，但是她不仅做到了，而且做得很好。

花卷妈终于要出书了，我有幸作为第一批读者，本书一开篇——不要做完美的父母，就颠覆了我原本的教育观点。是啊！怎么可能完美呢？我们不少人是第一次做父母，而孩子也是第一次做孩子。学习温柔地对待自己和孩子，是父母的必修课。这本书正好可以指导我们建立相互信任、相互产生积极影响的亲子关系。

做个放松的妈妈

因为太爱孩子，我们常常特别紧张，生怕这做不好，那照顾不到。我初为人母时也是如此，以至于不经意间让这种糟糕的情绪影响了孩子，结果孩子也变得敏感、焦虑，孩子当时的这种表现震撼了我，也让我开始反思……

花卷妈经常跟我说：父母对这个世界感到紧张，孩子就对这个世界也感到紧张。慢慢地我发现，在孩子的成长过程中，给他的最好的礼物，就是做一个放松自在的妈妈。学会放松以后我发现，我居然可以不需要克制自己，我开始自然而然地改变了与孩子相处的方式，我们的关系也更加亲密，孩子也变得更加可爱了！

爱自己才能爱别人
有人说，懂得爱自己的人更有魅力。

尤其是对妈妈来说，她承载着传递爱的责任，还要懂得包容，所以更要特别爱自己，让自己永远有很多爱，这样才能有给别人爱的能力。

一个懂得爱自己、爱生活、爱这个世界的妈妈，才是富有魅力的，而这种魅力是可以对孩子产生非常积极的影响的。

所以，请放轻松。与其辛苦地控制孩子，不如先安心地照顾好自己，爱自己，再去温柔地引导孩子！

亲爱的爸爸妈妈们，让我们一起来好好阅读这本书。好好说话，做好自己，尊重孩子，用充满爱的教育方式，给孩子们一个更美好的童年和更灿烂的明天！

前 言

父母和孩子沟通的过程，决定了孩子的未来

很多年前，我的沟通导师对我说，父母和孩子沟通的过程，决定了孩子的人生走向，沟通的过程重于沟通的结果。人一生追求的，都是被"看见"。而我们和孩子沟通的目的，就是表达"我看见你了"。养育孩子，我们要"走近"，更要"走进"。走近孩子，承认孩子由我们而来，但不属于我们；"走进"孩子，看见孩子的内在世界，从而建立轻松、互相信任的亲子关系。

父母需要学习亲子沟通吗？

很多父母给我留言，诉说经常听到孩子说这样的话：

"我知道了，你别说啦！"

"我不想跟你说！"

"你好烦啊……"

"你能不能别管我！"

"我不要你管！"

"凭什么听你的？"

很多父母有过类似的经历或时刻：

耐心劝，讲道理，不发飙，干着急，威逼利诱，大吼，打孩子，气得睡不着……可孩子还是不听。

其实，世界上没有不听话的孩子，只是你的沟通方法差了一点点。

很多父母问我：到底怎么做，才能成为更好、更有智慧的父母呢？我开始潜心研究儿童心理学和亲子沟通的问题，深入研究和实践后，我才意识到，原来父母缺少的不是道理，而是具体、简单、一听就会、能落地的方法！意识到问题以后，我把十多年来在一线做亲子沟通指导积累的经验、案例和心理学相关的方法，做成了一门课——高效沟通育儿心法，以"大白话叙述＋案例解读＋具体方法指导"的形式，帮助更多父母轻松养育孩子。

在讲授这门课之前，我没有想到它会受到那么多父母的关注和重视。这门课在抖音平台的家庭教育课排行榜上取得过销量第一的成绩，累计有 50 万人次学习，家长的提问累计有 5 000 多条。每一条留言背后，都有一位焦虑的家长。

我的学员小满妈妈，受不了孩子爱哭、脾气大，每次都用"吼一顿"的方式让孩子安静。她说："花卷妈，现在养个孩子，实在太累了！心累！"学习"亲子沟通三步法"一段时间后，她惊喜不已，跟我说孩子居然不怎么哭了，孩子的情绪也慢慢稳定了，而且学习成绩也在逐步提高。

学员土豆妈妈，以前孩子一哭闹她就妥协，不知道怎么办。自从学会了用"我句式"，她不仅发脾气的时候少了，也更能理解孩子。孩子说："妈妈，你现在是我见过的脾气最好的妈妈！"你看，一旦你懂得了这些"秘诀"，你也可以轻松拥有良好的亲子关系。

学员冬冬妈妈，以前有情绪也不会表达，要么胡乱发脾气，要么默默忍受，等忍不住了就忽然爆发，陷入了"发脾气—忍受—爆发—内疚"的死循环。学习了如何管理情绪后，她开心地告诉我，现在她可以自然地表达自己的需求、感受，再也不用要么吼叫要么隐忍的方式对待孩子了。

大量家庭的实践证明，我教给大家的沟通方法，可以帮助父母有效地和孩子沟通，让家庭教育更轻松、亲子关系更融洽。

为了帮助更多的家庭，在秋叶大叔的建议下，我开始把多年的咨询经验和实践方法整理成书，也就是现在你手中的这本。希望本书能使父母更懂自己，更懂孩子，让亲子关系更加融洽；能使父母的催促或唠叨变少，孩子从习惯对抗变得肯配合、听话。

为了更好地进行实践，建议大家重点关注以下内容。

32 个痛点话题：拖拉、考试、做作业、黏人、爱哭、撒谎、顶嘴、叛逆……

1 个父母类型测试："硬邦邦型"父母和"软绵绵型"父母测试。

9 个"花卷妈在线"针对家长的问题提供详细、可行的解决办法。

12 个小练习针对家长需要掌握的知识点提供有趣、实用的巩固训练。

亲子沟通是我们和孩子需要终身学习的功课，需要父母和孩子多实践。下面，请打开本书，开启愉快的亲子沟通之旅吧！

01 沟通心法篇

善于沟通的父母，既懂自己，又懂孩子

02 沟通技法篇

更高效地沟通，给孩子更好的教育

03 沟通应用篇

让父母心烦的问题这么多，这样沟通父母不再头疼

沟通心法篇

善于沟通的父母，
既懂自己，又懂孩子

第 一 章

重新认识自己：

打破三个神话，不做完美的父母

第一节 第一个神话：
好父母必须百分之百地满足孩子

哭着不让妈妈上班的豆豆

最近几天，每当早晨我要去上班的时候，3岁的女儿豆豆都会死死地拉着我的手，大哭着说："妈妈，我不想你去上班，我想让你陪着我！妈妈不要走！"前天，趁婆婆拉着她去卧室玩，我悄悄地溜出了家门。晚上回来，婆婆告诉我女儿整整哭了半个小时。昨天，女儿又死死拉着我不让我走，但是再不走我就要迟到了，于是我狠心将她推进屋里，赶紧进了电梯。在电梯里听到女儿撕心裂肺的哭声，我的心都碎了，眼泪忍不住流了出来。

我该怎么办？如果选择陪她，晚一会儿去上班，那么我可能会因为迟到被扣钱，甚至失去这份工作；如果选择按时上班，听到孩子的哭声，我会十分内疚，还心疼得流泪。

10年前，我开始讲授家庭教育课程，到目前为止，在线上线下已经累计给50多万名家长讲授过亲子课程，累计为20 000多名家长解答了育儿困惑。我发现，60%以上的家长都有类似的困惑：**拒绝了孩子，心里很内疚、很自责，感觉自己不是一个好爸爸、好妈妈。是不是不能满足孩子的要求，就不是一个好爸爸、好妈妈了呢？**

其实，没有哪个爸爸或妈妈可以答应或满足孩子所有的需求。

就像上面这个案例里，孩子总想让妈妈陪她，孩子有权表达她的需求，妈妈也有权决定是否满足她。妈妈既可以满足孩子的要求陪她玩，也可以选择满足自己的需求。往往让妈妈们承受不了的，是孩子因为被拒绝而产生的情绪，妈妈们希望孩子能平静地接受被拒绝的事实；当孩子因为被拒绝而哭闹时，妈妈们又怕伤害孩子，同时也会自责。

花卷妈想告诉妈妈们的是：**孩子有权提出需求，任何需求都值得尊重；而妈妈的感受和需要也很重要，妈妈也有权尊重自己的感受和需要。**妈妈有时愿意满足孩子，有时候不愿意满足。妈妈拒绝了孩子，孩子哭了，这是非常正常的事情。要允许孩子对妈妈的拒绝有情绪。

有的妈妈会说："当我很累，拒绝陪伴孩子，关起门休息时，孩子在门外哭，我真的很难无动于衷！"

如果是这样，可以寻求家里其他人的帮助。不想陪孩子的时候，可以优先照顾好自己，由其他人来安抚、陪伴孩子。

妈妈还可能会说："如果我这样做，孩子会拒绝其他家人照顾，哭得撕心裂肺！"即便如此，妈妈们也要知道，孩子哭这种行为本身并无问题，成年人为了让自己好受不让孩子哭，这种行为才有问题。哭泣和欢笑，都是人的情绪的自然表现。**我们不必时时刻**

刻都做个好妈妈，不必对孩子有求必应。我们完全可以选择先照顾好自己，只有照顾好自己，才有能量去满足孩子。

更何况，生活中总有那么一些时刻，我们就是无法满足孩子。比如该吃饭了，孩子却希望我们陪他玩游戏；又如，我们手里拿了很多东西，可是孩子却一直让我们抱；再比如，该睡觉了，可孩子非要我们陪他读绘本……

如果我们满足不了孩子，大大方方地拒绝就好。具体可以怎么做呢？诚实地告诉孩子，爸爸妈妈无法满足他的需要。比如，你已经抱着孩子走了一段路，已经很累了，走不动了，而孩子还是坚持让你抱。这时，你可以坦诚地告诉孩子：

"妈妈可以抱你一会儿，但是抱不了很久，因为妈妈也会累，也会烦。妈妈累的时候，可能会生气，想发火。我知道你希望妈妈一直抱着你，但是妈妈现在做不到。如果你感觉难过，也可以哭，妈妈陪着你。"

无法满足孩子的时候，我们是有权说"不"的。大部分时候，我们纠结的"点"都在于——其实我们已经不想满足孩子了，但是不忍心拒绝，怕孩子被拒绝后哭个不停，最后只得不情愿地满足孩子的要求，但是心里窝着火。

如果不如实地告诉孩子，而是说："你怎么那么大了还要抱！没看到妈妈手里有这么多东西吗？我怎么抱你？"孩子听了这话，心里肯定很委屈："唉，妈妈不爱我了，妈妈不喜欢我了。我不应该让妈妈抱，不应该提出我的要求，让妈妈生气……"

父母不管是转移孩子的注意力，还是把孩子骂一顿，都是在否认孩子的需求，都会让孩子有这样的感受："提出这种要求，是我做错了。"事实上，孩子可以提出任何要求，他可以追求这世界上一切美好的事物，**他值得拥有一切美好的事物。**

父母不是无所不能的。我们做不到无所不能，但是我们可以做一件事，就是内外一致地表达，即诚实。在那个当下，如果妈妈就是很累，不愿意满足孩子的要求，那么就可以跟孩子说"不"。

> **做自己可以做到的，做不到的时候就诚实地告诉孩子。**

放轻松，妈妈们，先照顾好自己的身与心，在能力范围内，**不带评判地拒绝，没有委屈地付出，平静、自然、诚实地陪伴孩子，就是对孩子最好的爱。**

花卷妈在线

→ 家长： 孩子3岁了，总让我抱，我经常都得抱着他走很久，一放他下来他就哭。如果这时我不抱他，他会哭得我心烦意乱，忍受不了。我该怎么办？

→ 花卷妈： 抱着那么重的孩子走很久，你能控制住情绪，没有爆发，已经很难得了。孩子坚持让你抱着他，不允许你休息，这是孩子的权利，孩子完全可以提出自己的需求。而你也可以选择接受或者不接受。你可以告诉孩子："你想让妈妈抱，妈妈知道了。但是妈妈现在很累，需要休息。如果你想哭的话，你可以哭一会儿。"这时如果孩子因为不能接受而哭闹，你要允许孩子哭闹；哭闹是孩子正常的情绪发泄。孩子被你拒绝了，还不能哭一会儿吗？等你休息好了，如果你愿意，再去抱他。

第二节 第二个神话：
制定了规则就一定要百分之百遵守

偷偷喝饮料、不遵守规则的欣欣

周末，我带着孩子去琪琪家参加聚会。妈妈们做了满满一桌子菜，孩子们叽叽喳喳地聊天。琪琪妈妈拿出可乐，给小朋友们一人倒了满满一杯。这时，我看到一个熟悉的孩子笑嘻嘻地走过去等着喝可乐：这不是我家欣欣吗？之前我们不是约定不喝可乐的吗？这孩子！在众目睽睽之下，我只是瞪了她一眼，她灵活地躲开了我的眼神攻击。不一会儿，大家一起干杯，气氛真不错。我喝着白开水，看了一眼欣欣；欣欣又察觉了我的眼神不对劲，转头高兴地跟旁边的孩子碰杯，喝起了可乐。

其实，我们开过家庭会议，大人、孩子都不能吃"垃圾"食品，在我看来，可乐也是"垃圾"食品。看欣欣这么喜欢喝可乐，完全不记得答应过我不喝可乐的，我有些动摇了。我是否要坚持到底？这次没有坚持原则，之后会不会更难坚持？我这次对她"网开一面"，做得究竟对不对？

欣欣妈妈的案例，或许会令不少父母觉得熟悉。给孩子立下了不许喝可乐的规矩，可是转眼孩子就打破了规矩。遇到这样的问题，父母该怎么办呢？是坚持让孩子时时守规矩，家里家外保持一致，还是灵活变通？

事实上，想让孩子好好守规则，首先，我们要了解为什么要制定规则。为什么我们的身边有各种各样的规则？大家有没有思考过这个问题呢？规则的制定有两个意义。

1. 规则的制定，是为了让大家活得更好、更舒服，生活更方便

比如，我们过马路要看红绿灯、走斑马线，这就是规则。去超市结账的时候要排队，这也是规则。这些规则的制定，能使我们出行更安全、生活更便利。

2. 规则是为大家的感受服务的

如果一个规则不是为感受服务，不是为了使某种关系中的人、社会中的人更舒服，而是让人十分难受，那么这样的规则，迟早会被打破。

在做线下讲座的时候，很多家长问我：为什么明明知道破坏了规则会有不好的后果，可孩子就是不遵守规则呢？原因很简单。回看这些打破规则的孩子早年的养育方式和他的生活，我们可能会发现孩子的生活中存在各种规则，并且在这些规则里面，看不到父母跟孩子之间的联结——父母为了方便，就制定了一堆死规则。

对于这些孩子来说，**他从小体验到的是，遵守规则让他非常难**

受，是痛苦的。所以他们小时候就痛恨各种规则，那些规则都是为父母和老师服务的，从来没有人问过孩子的感受。

那么这样的孩子长大以后会怎么样呢？他们很可能非常不愿意遵守规则，想要去打破规则，变得另类、叛逆。

真正能够遵守规则的孩子是什么样的呢？他常常是很灵活的。

而那些过于遵守规则的孩子，可能体验到的是**规则高于感受。**这类孩子未来在生活中很可能不会太尊重自己的感受，而是盲目遵守规则。但是这么做，心里又可能会很难受，他们只得压抑自己的感受。不能遵从自己内心的感受，也很难成为自己想要成为的人。

说到这里，你可能会问：规则到底要不要遵守？怎么制定规则？我们要养育的，是一个从小能够灵活地掌握规则的人。如果一个规则，孩子长期体验下来感受很好，那么孩子自然会遵守。如果一个规则让全家都很紧张，像防贼一样盯着彼此，那么这个规则就要灵活调整。

我们结合具体案例来看。比方说，欣欣妈妈给欣欣制定了不能喝可乐的规则，她该怎么跟欣欣谈规则呢？欣欣妈妈可以这么说：**"我也觉得可乐好喝，我理解你想喝可乐，但是别喝那么多，一个星期喝一次比较合适。咱俩来商量一下。"**

接下来跟孩子商量："咱们把星期 × 定为'喝可乐日'，记在台历上，千万别忘了，妈妈也会帮你记着。"

这样制定规则，能让孩子体会到：妈妈不是不让我喝可乐，她在乎我的感受，妈妈不是我的敌人，是我的朋友。妈妈还是那个妈妈，她爱我，所以要保护我。

这样制定规则，父母和孩子没有冲突，反而站在了一块儿。制定规则，往往考验的是父母的灵活度。

> 真心理解孩子，才会真正关注孩子行为背后的需求和感受，给他充分的自由；
> 有了自由，才能发现所爱；
> 发现所爱，就会专注探索；
> 反复探索，就能发现规律；
> 重复体验这些规律，最终会将其内化到人格深处，成为真正的规则。
> 最终，孩子将成为自己的主人。

孩子只有真正成为他自己的主人，才能形成他内心认可的规则。这种规则，他自然愿意遵守，因为这就是他内心的边界，是他的行为模式啊！

花卷妈在线

➡ **家长**：我家孩子 4 岁了，喜欢爬上爬下，什么都要摸摸看，没有安全意识，没一点规矩。怎么让他守规矩呢？

➡ **花卷妈**：为 6 岁以下的孩子制定规则，有以下几个原则——通俗易懂、简单直接、数量在 3 个以内。一个 4 岁的孩子喜欢爬上爬下，可以告诉孩子这几个规则：（1）只有在有大人在身边的时候才能爬上爬下；（2）爬之前先告诉大人，大人同意了才可以；（3）如果爬到高处后觉得下不来或者害怕，要向大人求救，让大人来帮你。第三个规则尤其重要，因为一个喜欢爬上爬下的孩子根本意识不到他可能会摔下来。可以对孩子说："妈妈知道你特别喜欢爬上爬下，你很好奇，想去摸上面的东西。但是妈妈觉得有些危险，稍不注意，你可能就摔下来了。所以妈妈和你约定几个规则（重复以上的橙色文字），如果你能照做，妈妈就放心了。"

第三节 **第三个神话：**
全家的育儿理念必须一致

婆婆和父母养育观念不一致，受气又受累

　　周六上午，我要去参加一个同学组织的聚会。走之前，见儿子依然在看电视，我就提醒他："10分钟后把电视机关掉，去写作业，要不我现在帮你关掉！"儿子痛快地答应一会儿就关电视机。走到公交车站，我发现自己忘记带钱包了，不得不回家拿钱包。回到家，我发现儿子还在眉开眼笑地看电视，于是，我马上就把电视机关掉，然后打了儿子的屁股。可能下手太重了，儿子哇的一声哭了。一听儿子哭，婆婆马上从卧室冲出来，抱着孩子哄道："孙子，别哭了，奶奶今天做主！咱继续看电视！"说完，婆婆又打开了电视。我感觉肺都要气炸了！

　　说实话，自婆婆从老家过来帮我们带孩子、洗衣、做饭，我们的后顾之忧少多了。可是一涉及孩子的教育问题，她总是与我唱反调，总是宠着孩子。就拿看电视这件事来说，我给孩子立了每周看电视不许超过两个小时的规矩。我在家的时候，孩子还遵守规矩；可是我不在家时，婆婆却由着孩子性子来。

　　今天，她竟然当着我的面让孩子看电视，简直是让人忍无可忍。于是，我给还在外地出差的老公打电话，让他赶紧回来把婆婆送回老家。唉！现在我们家的矛盾已经从育儿矛盾上升到了婆媳矛盾，家

庭氛围非常差。我现在跟孩子的关系很一般，婆婆跟孩子的关系则很好。我不禁怀疑自己是不是好妈妈，是不是好媳妇。我们家的育儿观念是无法统一的。花卷妈，到底该怎么教育孩子呢?

我发现新手妈妈一旦接触了育儿理念，再看家里其他人对待孩子的方式，那真是怎么看都不对：过分限制孩子，不许孩子这样不许孩子那样；追着孩子喂饭；天天盯着孩子写作业；打骂孩子；不允许孩子哭……

想必很多妈妈会为此焦虑不已：我学习了育儿理念，我也愿意用更科学的理念来养育我的孩子，但我婆婆不同意，怎么说也没用；我老公不认可这些理念，觉得"信任孩子、适当放手"是无稽之谈，还是要强调家长的权威；我妈还是吼孩子、骂孩子、打孩子……怎么办呢？他们这是在伤害孩子啊！我该不该管？

花卷妈必须说，这也是我育儿的前两年里备受困扰的问题。孩子本身几乎不会引起我的焦虑，但孩子的爸爸、爷爷，以及我爸妈，这些围在孩子身边的其他看护者，分分钟会让我"炸毛"或者倍觉无奈、无力。

比如，孩子 5 岁时，老人曾经来帮忙带过几个月，经常拿着筷子不停地教孩子："2+3=5，反过来呢？5-3 怎么就不会了？"我直言不讳地说："孩子现在没到能使用逆向思维的年龄，教减法不合适。"

好多人问我，当看到其他家人在伤害孩子，误导孩子，作为妈妈，该怎么办？其实，我们对孩子心理健康的关心背后，还藏着一种改造欲望，其实质上是对家庭权力的争夺。看护者们不自觉地争夺着这个家养育这个孩子的话语权——到底谁说了算！

什么叫"育儿统一战线"？"育儿统一战线"就是指在育儿时，爸爸、妈妈或老人保持一致的育儿理念，以统一的原则养育一个小孩。这是一个非常理想化的育儿状态。而现实是，一个家庭中有几个人，往往就有几种不同的育儿理念或者方法，很难保持高度的统一。

虽然我做育儿工作十几年了，但是在育儿理念上，花卷爸与我也并不完全一致。在育儿方面，他用他的理念与方法，我用我的理念与方法。我认为这非常正常。**不必强求全家人的育儿理念一致。**

为什么呢？因为在育儿时，如果全家人保持高度的统一，往往会让孩子感觉痛苦和焦虑。为什么孩子会有这种感觉？在孩子看来，在这个家中，爸爸、妈妈和爷爷、奶奶、外公、外婆，所有人都有礼貌、正直、正确，他们都完美无缺，只有他自己一个人有缺点。孩子会因此感觉痛苦和焦虑。

所以，家人之间不必保持高度的统一，只要做最真实的自己就可以了。**允许别人做别人，允许自己做自己。**在家里时，如果爸爸妈妈与其他家人能够保持最真实的自我状态，反而会让孩子有这样的感觉："我是不是可以与爸爸妈妈既有相同的地方，也有不同的地方？"这可以让他体会到一种自由和弹性的空间。

对于家人育儿理念不一致这个问题，我的态度特别明确，我认为主要应坚持三个原则。

1. 任何人都有权利以他自己的方式对待孩子

回到本篇开头的案例，我们要清楚，婆婆有权利以她的方式对待孩子，因为她的本来性格和想法就是如此。既然已经知道是这样，不妨接受现实，接受她的养育行为可能和你不一样，不要试图改变另一个成年人。

2. 利用一切能利用的资源

妈妈们真的很不容易，又要上班，又要带孩子，特别是如果伴侣不给力，那就更难了。争取身边一切能用的资源，看看家人、亲戚、朋友，有没有能帮上忙的。这些人未必多懂教育，但有爱心、勤快，能帮上你，就很好了。

3. 成为孩子生命中的那道光

真正的爱是彼此尊重、有界限的。别人不懂、不会、不愿意改变，没有关系，也不影响你怎么做。

没有任何两个成年人对待孩子的方式是完全一样的。比如，我妈妈也时常会跟花卷发脾气、发发牢骚，这些都无可避免。比如，有的爸爸对待孩子没有妈妈那么细心。不一样就不一样呗，信任，然后放手。每个人表达爱的方式略有差别也没关系。

我们要做的是：**成为孩子生命中的那道光。**要让孩子知道，即使在其他看护者那里受了委屈，在父母这里，他也是可以放声大哭的。

> 在孩子的生命中，特别是生命早期，只要有一个充满包容的养育者在，有那道爱的光在，不管孩子经历了什么，他的生命力都依然在。
>
> 请坚信，孩子会在我们这里实现最好的成长。

花卷妈在线

➜ **家长**：我实在忍受不了婆婆对孩子的养育方式，比如经常吓唬孩子，威胁孩子说如果孩子不听话她就走了。我该怎么办呢？

➜ **花卷妈**：我特别理解你。我女儿小时候，家里老人有时确实会说教，说话也不太好听。比如，老人会说："你看，你整天玩手机，就是不爱学习！"遇到这种情况我也没有管，我始终相信孩子和老人自己可以处理好和彼此的关系。除非我女儿跑来哭着寻求我的帮助，否则我不会介入。

孩子其实是一个很向光的小生命，他会靠近那个最让他觉得舒服的人。就像我女儿，只要我在，她一定会选择跟我在一起；我不在，她会选择跟爸爸在一起；爸爸也不在，她则会选择跟老人在一起。所以即使家人的教育方法跟我的不一样，我也不担心。

换个角度想：如果你要求老人必须怎么样带孩子，老人还干得下去吗？老人会说："我到底该怎么干？这也不对，那也不对，说句话也不对。"老人心情紧张，这种情绪也会传递给孩子，对孩子的影响反而更大。所以放松一些，做好自己就好，并在孩子需要的时候成为那道光。

第 二 章

重新认识孩子：

了解六大成长关键期，懂孩子才能

爱孩子

第一节 退行期：孩子黏人、吃手、没有安全感？
帮孩子顺利度过退行期

爱吃手指、黏人的萌萌

"妈妈，抱抱！""妈妈，我穿什么衣服？""妈妈，我也要喝奶粉！"

自从有了二宝，8岁的女儿萌萌变得特别黏人，依赖性特别强。最近几天，这种表现尤其明显。每天晚上睡觉前，非得我抱她一会儿，她才肯跟奶奶回房睡觉。早晨起床，她总是问我穿什么衣服好看，简直一点主见都没有。去上学前，也非要我抱一抱。更让人哭笑不得的是，这两天早晨，她一见我给二宝冲奶粉，竟然也吵着要喝奶粉。我捏着她的小鼻子调侃道："你都多大了，还像弟弟一样喝奶粉？羞不羞？"听我如此说，她小嘴一噘，冷哼道："哼，妈妈你偏心。你爱弟弟，你不爱我！"对她的这种小脾气，我倒是不急，让我起急的是，她无事可做的时候竟然吃手指头。说了几次她不听，我就直接上手打。刚打完她是不吃了，可等过一会儿，你就会发现她又吃上了。

看着她吃得如此津津有味，我觉得我这个妈妈做得好累，很失败。唉！为何人家的孩子越长越大，她这么大了还吃手指头？花卷妈，我要怎么教育女儿，才能让她改掉吃手指这个毛病呢？又有什么方法能让她真正长大，而不是退行呢？

我相信很多父母对萌萌妈妈遇到的这种情况不陌生。你们观察一下自己的孩子或者身边其他的孩子，当妈妈生了弟弟或者妹妹以后，大宝往往会出现一些非常典型的行为，心理学上叫作**"退行"**。

什么是退行呢？就是孩子以前明明会做的事情，突然就不会做了：明明已经可以分床睡了，却一定要和爸爸妈妈挤在一起睡；吸弟弟妹妹的奶嘴，要求坐在弟弟妹妹的背袋里，坐弟弟妹妹的婴儿车……这些都是退行的行为。

为什么孩子会退行呢？退行会在孩子潜意识里自动发生，退行的孩子需要回到早年一个安全的时期，来解决他现在的困扰和焦虑。孩子现在的困扰是什么呢？通常，当家里有了二宝以后，孩子会困扰：

妈妈会不会不爱我了？

妈妈是不是比较喜欢小婴儿呢？那我也变成一个小婴儿，妈妈会不会就喜欢我了？

孩子退行，主要有两个原因。

孩子退行的原因之一：害怕失去父母的爱和关注。

退行是孩子唤回父母爱和关注的一种方式，只不过这种方式比较"幼稚"，他以为自己退回到小时候、退回到小婴儿的状态，父母就又会喜欢自己了。孩子的退行对父母的确是个考验。具体要怎么办？其实很简单，孩子退回到两岁的状态，就把他当作两岁的孩子重新养大。针对第一个原因引起的退行，父母们可以怎么做呢？

花卷妈想在这里分享"**沟通两步法**"。

第一步，自我调整。

这里的调整，指的是父母调整自己的内在状态。调整自己内在状态就是告诉自己：**"我的孩子在退行，不管他现在是 10 岁还是 12 岁，只要他想黏我，我就稳稳地在。"**

调整内在状态之后，孩子很快就不会再黏人了。因为孩子会慢慢发现，只要他一需要，妈妈就在。即使妈妈不在，妈妈也不会评判他想要黏妈妈、想要吃手指的需求。不断确认后，孩子就可以摆脱焦虑，放心地探索外在的世界了。

如果妈妈和孩子说："真不知道你要黏到什么时候！你怎么还不独立呢？"那么孩子会感觉妈妈十分愤怒，想把自己推开，而这会让他非常恐惧。事情接下来可能会朝两种方向发展：一种是孩子越来越黏你；另一种是孩子变得绝望，绝望以后就真的慢慢独立起来了，但是这种独立是"假性独立"，是被迫的独立。

第二步，真实表达。

如果我们确实很累，当孩子黏着我们，我们不能满足孩子时，也并不需要压抑自己、委屈自己，只需真实地表达：

"你希望妈妈现在陪伴你，妈妈知道了。但是妈妈现在有自己的工作要忙，还需要做家务。妈妈换一个时间、换一种方式来满足你。"

当父母逐渐能这样和孩子沟通后，孩子就会知道他是有价值的，父母爱他并且愿意满足他；但是父母也是有时候不能满足他的普通人，这不是因为孩子不好，而是父母个人的原因，父母处理好自己的事情后，就会来满足他。长此以往，孩子就会越来越独立，越来越有内在的安全感。在和父母的互动中，孩子会慢慢懂得每个人都有自己的需求，慢慢学会延迟满足。

所以当孩子黏人、吃手、害怕分离时，我们要牢记简单的"破局之法"：**亲子关系中，孩子只有得到满足后，才能走出当下的状态，继续前行。**

一个人如果童年时得不到满足，可能一辈子都会固着在渴望爱的这个点上，即使 30 岁、40 岁、50 岁，依然是一个缺爱的孩子。让孩子变得独立的办法就是**满足他**。当他对爱饥渴的时候，不评判他，让他"吃饱喝足"，他满足了，便不再执着于这个部分了。

孩子退行的原因之二：孩子的情绪无法释放。

比如，孩子进入幼儿园、进入小学，面对陌生的环境、陌生的人群，会感到焦虑和紧张。而当这份焦虑和紧张无法排解，情绪无法释放的时候，孩子也会用吃手指、啃指甲的方式，"退回"到早年的阶段，安抚自己。

我记得我的女儿花卷退行的那个阶段，天天"挂"在我身上，哭泣、黏人、不愿意分离、没有安全感，这样的情况持续了整整半年。我们全家悉心呵护了她半年，算是重新养育了她一遍。

花卷刚去幼儿园的前 3 个月，天天黏着我和我妈妈。她不让外婆走，说："外婆，放学你第一个到我们幼儿园门口的家长接待室，好吗？"我妈妈说"好"。就这样，每天放学，我妈妈都会第一个出现在幼儿园楼下。我妈妈说："我答应过孩子不离开，就绝不离开。放学的时候，孩子想看我，就能看见我。"连幼儿园的老师都觉得不用准时待在那里，我妈妈却坚持了整整 3 个月。

我妈妈说："答应孩子了，就要做到，万一她下来看不到我，孩子还怎么相信我们？"

为人母，这一程少不了。孩子需要确认你的爱还在不在，那你就无条件地好好爱他。

> 孩子确认父母真的爱他、接纳他了，他有了安全感，退行行为就会慢慢结束。这时，孩子就可以安心发展自己，回到当下的年龄，做当下年龄该做的事情，探索外面的世界，一切都会好起来。

第二节　肛欲期：孩子爱较劲、对着干？
一句话引导孩子不再对抗

> **不愿意去马桶大小便的轩轩**
>
> 　　我儿子轩轩两岁多了，可大小便太不让人省心了。每次大便，他说什么也不肯去马桶解决。今天，他在客厅玩着玩着，突然就跑到了窗帘后面，我还以为他想跟我玩捉迷藏的游戏呢，可不一会儿，我却闻到了一股臭味。天啊，这孩子又将大便拉到裤子里了。
>
> 　　这小子已经不止一次做这种"坏事"了。昨天，我带他去朋友家做客，在朋友家午睡了一会儿。午睡前，我问他要不要去洗手间小便，他说不去。结果，一觉醒来，他在朋友家的床单上"画了一幅大大的地图"。虽然朋友说没关系，可是我脸上却热辣辣的。
>
> 　　明明我提醒他大小便了，明明他可以自行大小便了，为什么他还要憋着大小便，甚至非要将大便拉在裤子里呢？花卷妈，我真的怀疑我儿子智商是否正常了！

　　明明可以自己大小便了，却非要憋着，直到拉在身上！如果孩子出现轩轩这样的行为，父母不必怀疑孩子的智商是否"在线"，孩子之所以喜欢憋着，不想去洗手间解决大小便，是因为他进入了人生的关键期——**肛欲期。**这个阶段真的太重要了，影响孩子人格的形成——**能不能灵活地做自己？** 肛欲期具体有哪些表现呢？我们结合案例来看。

肛欲期的表现：憋屎憋尿。

我记得花卷两岁左右时，不肯去马桶上大便，经常拉在裤子里面。每次憋尿的时候，她都小脸发红，夹紧腿，说想尿尿。我带她上卫生间后，她又尿不出来，可刚出来，转眼就尿在裤子里。憋大便的时候，她总是蹲在我看不见的角落，满头大汗、一动不动地待着。如果我走过去，叫她上卫生间，她会拒绝让我靠近。过一会儿，就把大便拉在裤子里了。

其实孩子忍着、憋着的过程，恰恰就是孩子练习怎么控制自己大小便、练习控制自己身体的重要过程。而由于孩子还不能很好地控制自己肛门和尿道的括约肌，所以会经常拉在身上。

当孩子拉在身上的时候，很多父母会觉得都是孩子贪玩、不听话，故意不上厕所，会责怪、羞辱孩子：

"你看你羞不羞啊！又拉在身上了！丢不丢人！"
"臭死了！"

这种羞辱和指责，会让孩子更加紧张，更容易拉在身上。同时孩子会意识到——**原来失控是那么可怕的事情啊！** 那么孩子长大以后，很可能会受此影响而执着于"控制"。生活中，我们经常听到有人说"这个人的控制欲非常强"，可能就是这个人小时候在肛欲期体验控制的时候，发现一旦失败，就会被大人羞辱，所以，他会感觉失控是可怕的，是危险的，是丢人的。因此，成年后，他会千方百计地控制自己、控制他人、和他人较劲，不允许有一点点的失控。

花卷妈在线下做心理咨询的时候，有些妈妈会和我说，当她们特别放松、特别享受的时候，会十分突然地产生一种强烈的内疚感。那种感觉好像在说："哎呀，你怎么这么放松呢？你怎么那么不上进呢？你居然还在睡懒觉！"仿佛自己没有做一点有用的事情，只是在虚度时光。

还有一些时候，妈妈们可能特别喜欢看某部电视剧，很想一口气把它看完，但是她们会一边看，一边开始评判自己："为什么不去做一些'有用'的事，而是在这里做这种浪费时间的事呢？看完这么几十集电视剧又能怎么样呢？又不能赚钱！"于是一边看剧，一边内疚，既放不下这部电视剧，又心不在焉，好像有根无形的鞭子在抽打自己，总得让自己紧绷绷地做点什么、忙碌起来才是"对的"，一刻不能放松。这种一刻不能放松的感觉，就是"控制"。

花卷妈想说，**父母和孩子都可以拥有自在的人生。告诉自己，想放松的时候就放松，想上进的时候就上进。**那根橡皮筋就在自己手里，你可以灵活调整自己的节奏，让自己在上进和松弛之间切换。

那么，当孩子在肛欲期，憋不住拉在身上时，应该怎么引导呢？我们可以告诉孩子："**你拉在裤子里，妈妈收拾起来会有点麻**

烦；如果你能拉在马桶里面的话，妈妈会容易清理一些。下一次让我们试一试在小马桶里大小便吧。"

耐心地重复跟孩子讲，孩子会自然地度过肛欲期。而成功度过肛欲期的孩子，会更善于根据每一天的实际情况，灵活调整自己的生活。在关系中，他们也能认清自己与他人的界限，让对方和自己都拥有自由。

花卷妈在线

➡ **家长**：我已经意识到自己"控制欲"很强，孩子不听我的，我就难受、焦虑。我该怎么办呢？

➡ **花卷妈**：我要先敬佩地说一句，能够看见自己的控制欲，能够承认自己的控制欲，是一个人有自我觉知的体现，很棒。为什么我们会忍不住想要控制他人？根本原因是在早年的人格发展过程当中，我们没有完成从共生向分化的转变，无法意识到他人和自己是两个独立的个体。一旦发现对方不听从自己的指挥，就会产生失控的感觉。你可以试一试，当控制欲升起的时候，先停下，告诉自己，"对方不按照我说的做，我就难受，说明我的控制欲又来了"。有意识地让自己停下来，先不去吼老公、孩子。孩子拥有自己独立的感受、独立的观点、独立的行为方式，我们需要尊重孩子作为独立个体的独立选择。慢慢地，你的控制欲就会减弱。孩子从与你的沟通模式中，也能体会到人与人之间既可以相同，又可以不同。

第三节　夸大期：孩子爱吹牛？
两步引导孩子诚实表达

爱说大话的丁丁

周六，我两岁多的儿子丁丁非要去邻居家玩。到了邻居家，看到邻居三岁多的女儿娜娜正在用积木垒房子，儿子兴奋地大喊道："妈妈，我也要玩积木！我垒的房子一定比娜娜的高！"然后，又继续大言不惭地吹嘘道："我特别棒，我一定得第一。"虽然他这牛吹得不小，但"打脸"的是，没玩一会儿，他就把积木一扔，喊道："不好玩，不玩了。"

见我有些不好意思，娜娜妈妈劝我不必在意，因为娜娜三岁前也吹过牛的。她告诉我，有一次，她带娜娜回自己弟弟家，娜娜见小表姐在读诗，就一脸自豪地告诉表姐："姐姐，我会背很多首唐诗，会背一千首呢……"小表姐是一个非常较真的孩子，就让娜娜背一千首唐诗。其实，娜娜只会背四首唐诗，背了四首后，就再也背不出来了。见此，小表姐就说她吹牛、撒谎。娜娜气不过，就开始哭鼻子，让妈妈带自己回家。

听娜娜妈妈如此说，我心情好多了，不过，我还是想帮儿子改掉这个吹牛的毛病。可同儿子爸爸聊到此事时，他却让我别太在意，顺其自然。花卷妈，我到底是应该帮儿子改掉这个毛病呢，还是要顺其自然呢？

　　每个孩子在成长过程中，都曾做出过让父母不解的行为，比如吹牛、说谎等。而孩子的这些让人头大的问题，其实是孩子在不断成长的标志。在上面的案例中，娜娜之所以爱吹牛，和孩子**自我的形成与发展**有关。

　　孩子的自我是如何形成的呢？从心理学角度来分析，孩子的自我发展有三大黄金阶段：**夸大期、理想化期、密友期。**通常，处于夸大期（0~3 岁）的孩子，会表现得很爱说大话。

　　什么是夸大的自我呢？孩子出生以后，如果得到了较好的照顾，就会慢慢地形成一种"我的感觉"。他知道有一个"我"，还有一个妈妈，"我"和妈妈并不是连在一起的，而是有一个独立的"我"存在。这个阶段，孩子的"我"是特别夸大的"我"，无所不能的"我"。这个阶段的孩子经常这样说：

　　"我是最厉害的！恐龙都打不过我！"

　　"变形金刚也不是我的对手！"

　　再比如，1~2 岁的孩子学会走路后，总是会尝试去做一些他根本就做不到的事情。这时候，不懂孩子心理发展特点的父母可能会说：

　　"哎呀，你根本就做不到，你别做了，让我来！"

　　这类不经意的、开玩笑的话，会非常影响孩子对自己的感觉。那么，当孩子处在这个"夸大""吹牛"的阶段时，应该怎么引导呢？花卷妈认为可以采用以下两个步骤。

第一步，肯定孩子。

如果孩子夸大自己的能力后，的确做到了，父母可以说：

"你做到了，你是怎么做到的？"

"妈妈很好奇，你用了什么样的方法把盖子打开了呢？"

第二步，拆分目标，引导孩子完成目标。

当孩子夸下海口却又做不到的时候，不要嘲讽孩子，特别是不要说他异想天开。如果孩子说："我可以从最高的垫子上跳下来！"结果尝试之后，孩子发现自己做不到，父母可以说：

"你觉得你能做到，但是没做到，有点失望对不对？我们慢慢来，先从我们够得着的垫子上往下跳一跳，看看能不能做到。"

孩子在不断夸大、检验的过程中，必然会体验到挫折。体验过挫折的孩子，会慢慢回到现实，进而区分幻想和现实，在真实的生活中认识自己，顺利地度过这个阶段。

如果打击、羞辱了这个阶段的孩子，孩子会怎么样？成年后，他还卡在这个阶段——爱吹牛、爱夸大。我记得有一次做心理咨询，一个妈妈对我说："我老公都快 40 岁的人了，吹什么牛皮呀！我还不了解他？一看就知道他做不到，还在那边吹！"

一个人成年了，依旧热衷吹牛皮，可能不是故意的，而是早期没有得到满足，所以他一辈子都不满足，活在虚幻的想象里。

　　按以上的两个步骤引导孩子，就会发现，在成长的过程中，孩子依然会吹牛，只是他说的话会越来越接近现实。比如，孩子不会再说他能够打败变形金刚，世界上所有人都不是他的对手；他可能会说，他一定能考 100 分。这时候孩子还是会在一定程度上夸大自己，但不是不切实际地夸大。

　　关于夸大期，很重要的一点是，如果父母一直能看见孩子的夸大，又不去羞辱他、打击他，这种**早年的夸大，会变成孩子成年以后的雄心抱负**。

> 　　**当父母真正做到了顺势引导，孩子不仅能够安然度过夸大期，而且未来有可能成为一个有梦想并能积极实现的人。**

小练习

当孩子觉得自己比赛可以拿第一，但是结果没有拿到第一，这时候你可以怎么说？把你的答案写在下面的横线上。

_____

_____

_____

第四节　理想化期：孩子不接受父母的拒绝？
舍得让你的孩子失望

无法接受妈妈"做不到"的花卷

　　我女儿花卷四五岁的时候，曾经与我一起坐飞机。记得在经过头等舱时，她不解地问我："妈妈，你买票时为什么没有买头等舱的票呢？"我知道她是想去坐头等舱，对我没有买头等舱的票有些不开心。不过，我还是如实地告诉了她："妈妈觉得头等舱的票有点贵了，所以就没有买头等舱的票。"

　　没想到，我说了原因后，孩子就大哭起来，且不解地喊道："妈妈你是最厉害的，你为什么会买不起头等舱的票呢？你买得起呀！"当她说了这些话后，我意识到，我的女儿一直在理想化妈妈，将妈妈设想成一个无所不能的人，因而她不能够容忍妈妈没有她想象的那么好。

　　虽然她不能容忍妈妈没有她想象的那么好，但是作为成年人，我必须告诉她我的真实状况，这样才有利于她顺利走过理想化的时期。

　　在与孩子相处时，或许有的父母会发现，孩子总感觉父母是最棒的，甚至是无所不能的。这就说明孩子进入了自我发展的第二个关键时期——**理想化期。**

通常，孩子会在 3 ~ 6 岁进入理想化期。处于理想化期的孩子主要会有两个表现。

表现一：孩子觉得父母是世界上最厉害的人。

这一时期，孩子会从认为自己无所不能，慢慢过渡到认为父母无所不能。我在接孩子放学的时候，听到幼儿园的小朋友聊天，他们聊天的内容都与自己的父母有关，比如，有的孩子会十分骄傲地对其他小朋友说：

"我爸爸可厉害了！我爸爸是世界上最厉害的爸爸！"

"我爸爸一脚就可以把你踩扁！"

有的孩子会攀比父母，比如，他们会说"你妈妈不如我妈妈厉害"之类的话，甚至还会因此而吵得不可开交，简直是让人啼笑皆非。处于理想化期的孩子为什么要这样攀比父母呢？

从心理学角度来看，当孩子处于自我的理想化期时，会通过炫耀父母很了不起来证明"我很棒"——爸妈如此，那么"我"作为他们的孩子，自然也很了不起，也很棒！同时，他可能还会理想化自己的老师、同学，甚至会理想化自己的玩具（奥特曼、大黄蜂），以此来体现足够好的"我"。

表现二：孩子无法接受父母不符合自己的想象。

理想化期的孩子常常对父母发脾气。为什么发脾气？是因为他们发现原来父母并不是所有的事情都能做好——**"原来爸爸妈妈也没那么厉害，我还以为你们有多厉害呢！"**

比如，花卷四岁多的时候，常常对我发脾气，脱口而出："妈妈怎么会不知道！"我说："妈妈确实不知道你想要什么呀。"花卷会说："你怎么可以不知道！你必须知道！你是妈妈呀！妈妈怎么可以不知道呢？"

孩子话语里含着对我深深的失望。她把我理想化，想象了一个完美的我，不能接受我的不足，对我的不足非常愤怒。其实很多成年人也常常这样。比如，一个女性对她的丈夫说："你当初是怎么样承诺我的，你说你要怎么样对我？结果现在你怎么可以说你做不到呢？你当初都说你做得到的！"

这是不是和孩子的发怒很相似呢？这个女性理想化了自己的丈夫，当丈夫暴露出很多缺点以后，她就会感到失望和愤怒——你怎么可以有这样的缺点呢？你当初不是这样的！

在理想化期，孩子要慢慢地在现实生活中认识到，原来父母没有那么完美。他必须面对这样的失望。这样的过程，就是分离个体化的过程，也是一个孩子必然要经历的过程。他从无比相信自己父母的完美，到逐渐发现父母并不完美，从而完成心理分离——当孩子不再需要依靠父母的完美来证明他自己的强大时，他就真的慢慢独立起来了。

那么在这个阶段，我们具体可以怎么引导孩子呢？花卷妈建议你采用以下两步来与孩子沟通。

第一步，允许孩子理想化父母。

当孩子觉得父母无所不能、无所不知的时候，爸爸妈妈可以接住孩子的期待，对孩子说："**你希望在你心中，爸爸妈妈是最厉害的、最强大的。**"先看见孩子的需要，接住孩子的需要。

第二步，舍得让孩子失望。

如果父母确实做不到孩子要求的、不符合孩子的想象，那么就坦然地告诉孩子，自己并没有他想象的那样好，也没有他想象的那样无所不能。孩子知道了真相后，可能会哭闹。这时候可以采用一个沟通小技巧，叫作**重复性回应**。

什么叫重复性回应呢？所谓重复性回应，就是把孩子的失望和委屈，通过父母的嘴，重复一遍给孩子听。比如，当我女儿得知我没她想象的那么有钱、没有买头等舱的票而哭闹时，我就蹲下来对她说："**你觉得妈妈很厉害，可以买头等舱的票，可是妈妈没有买，你有些失望了。**"

在这里要提醒各位父母的是，在重复性回应时，**一定要让孩子知道——他此刻的失望情绪被看见了。**这样，就可以让孩子明白：再完美的人也有不足之处。原来一个人既有优点也有缺点，可以既勇敢又胆小，既强大又脆弱……**原来一个人身上具备一切特**

质，而且这些特质是流动的、变化的。这样，孩子就能客观地与他人交往。在与他人交往时，孩子将慢慢地能看见和洞悉自己和他人——既能够欣赏他人，又能包容他人的缺点，从而掌握好与人交往的度。

花卷妈在线

→ **家长**：青春期的孩子喜欢追星，是不是也是理想化的表现？孩子不允许我们评判她的偶像，该怎么引导？

→ **花卷妈**：这就是孩子理想化的体现。很多人一生都在寻觅一个"完美的人"，从一个老师转向另一个老师，从一个偶像转向另一个偶像。他们不断地获得希望，又不断地失望，一旦发现自己喜欢的这个人失去了光环，就立刻去寻找新的对象。作为父母，看到孩子在青春期有理想化的需求，就可以了。当他遇到一个人，觉得对方真的很完美的时候，孩子可以享受当下对他的欣赏。而在理想化的想象不断破碎的体验中，孩子慢慢就会知道没有任何人是完美的。成长的过程，就是接纳不完美，学会喜欢完整而真实的自己与他人。

第五节　密友期：孩子不会交朋友？
"1+3 沟通法"，让孩子从容社交

> **不敢靠近别人、不会交朋友的浩浩**
>
> 今天接到学校老师的电话，唉！孩子又被投诉了。我家浩浩 3 岁了，秋季刚刚上幼儿园，老师经常找我谈话，倒不是因为孩子惹祸了，而是因为孩子在学校里面胆子太小，别人碰一下就会哭，甚至不敢参加集体活动。
>
> 平时，我也带浩浩去游乐场，浩浩经常独自玩耍，一旦其他人靠近自己就会十分警惕，担心其他人会抢自己的玩具。到了朋友家里，浩浩也不和其他的小朋友一起玩，只是跟在我的身边。看到其他的孩子都在开心地玩，我特别纳闷，自己的孩子究竟是怎么了？花卷妈，为什么别人的孩子如此大胆，而我的孩子却总是如此谨小慎微呢？他会不会因此被别人欺负？

如果孩子不善于交朋友、不敢主动社交，可能是因为他进入了自我发展的第三个阶段——**密友期。** 从字面就可以看出，密友就是亲密的朋友。孩子经过了夸大期和理想化期，就要扩大自己的社交圈子，开始寻找朋友了。

从 3 岁上幼儿园开始，孩子就慢慢进入了密友期。孩子会在交往的小朋友的身上看见自己，**通过喜欢和自己一样的人来表达自我。**具体的表现是什么呢？

表现一：爱模仿别人。

比如，班上有小朋友穿艾莎公主的裙子，孩子也想买一模一样的。别的小朋友有什么，她就也要有什么。从这个阶段开始，孩子就会在社交中寻找自我，同时学习怎么与他人进行交往。

表现二：不敢拒绝同伴的要求。

这个阶段的孩子交友的表现是什么呢？有一个叫佳佳的小朋友告诉我说，他为了加入别人的游戏，每次都得扮演坏蛋。被其他小朋友骂"坏蛋"，他心里其实很不情愿；但是他又怕拒绝了之后，别人就不带他玩了。

孩子一方面希望和别人玩，另一方面又不愿意接受玩的方式，但是他又害怕自己不接受的话，就没有朋友了。在这个过程当中，实际上是孩子的两种需求在对抗：一种是他的**社交需求**；另一种是他的**自尊需求**。两种需求到底谁能够战胜谁呢？社交需求没有被满足的孩子，可能会不知道怎么和同学、朋友一起玩，他可能内心充满了交朋友的渴望，却没有办法突破自我。

我们经常会看到，有的孩子为了朋友什么事都可以做，完全没有原则。面对这样的情况，父母要充分理解孩子的难处：他们想获得尊重，又渴望交朋友。这时，我们做父母的要做的第一件事是共情孩子的感受。这种两难，孩子往往说不出口，因为仿佛他说出来就证明他是个很弱很弱的人。所以父母可以主动给孩子以抚慰。

针对孩子在密友期交朋友的困扰，花卷妈分享给大家**"1+3 沟通法"：共情 +3 个边界**。

共情

我们设想一下，有一个孩子说：

"我特别想和他们玩啊，可他们不跟我玩！他们不理我！"

这句话说出来，孩子自己是很难受的。面对这样的情况，父母可以用共情的方式跟孩子说：

"你很想和他们交朋友，但是他们玩的方式，你感觉很不喜欢，对吗？妈妈也是这样想的。"

这段话描述出了孩子的两种情绪，并且妈妈说自己也是这样想的，和孩子的情感就同频了。

同情和共情不同，同情的目的往往是安慰孩子，共情的目的是理解孩子，表达的是——**"我看见你了"**。

共情 ≠ 同情

⊗ 同情的目的：
安慰孩子

✓ 共情的目的：
理解孩子

在共情以后，我们需要和孩子讨论一件事，就是他自己喜欢被怎么样对待——孩子希望别人尊重他吗？他希望别人怎么和他说话？他该怎么说"不"？围绕以上问题，下面我们就要教会孩子明确 3 个边界。

所谓**边界**，就是指可以将自我和他人、主体和客体分离开的界线。要建立边界感，通常需要明确身体边界、物品边界和情绪边界。

3 个边界

1. 身体边界　　2. 物品边界　　3. 情绪边界

1. 明确身体边界

孩子进入密友期，父母首先要帮助孩子建立身体边界感。

身体边界感是什么？在社交场合中，你想要拥抱别人、牵别人的手，要经过他人的同意；同样的道理，他人想与你交朋友，想拥抱你、靠近你，也要经过你的允许才可以。

在生活中，很多孩子会突然去抱其他孩子，被抱的孩子常常会被吓得哇哇大哭。显然，突然抱其他孩子的孩子，身体边界不明确。父母可以在日常生活中帮助孩子建立身体边界感。比如，父母想抱孩子的时候，先问问他：**"我想抱一下你，可以吗？"** 得到孩子的同意后再去抱他。

当孩子想抱父母的时候，要告诉他：**"你想要抱妈妈，得先问问妈妈是否同意，我同意了你才能抱我。"**

2. 明确物品边界

具有物品边界感就是指我们想拿别人的东西或者别人想拿我们的东西，都需要经过对方的同意。在社交时，有物品边界感的人能够让人感觉舒适。有不少妈妈对我说，自己的孩子总是会偷拿家里的钱去给别人买东西。孩子之所以这样做，就是因为他的物品边界不清晰，不知道家里的钱是属于父母的，如果自己要拿，要经过父母的同意。另外，在教育机构工作时，我还发现，有些孩子根本没有问过老师同意不同意，就会随意翻老师的柜子。这都是没有物品边界感的表现。

在日常生活中，父母有责任帮助孩子建立物品边界感。建立物品边界感需要从一些小事做起。

比如，父母想拿孩子的东西，可以这样与孩子进行协商：**"我可以拿一下你的 ×× 吗？"** 父母坚持这样做，就是在以身作则，在潜移默化地影响孩子，这样才有利于孩子尽早建立物品边界感。

3. 明确情绪边界

在日常生活中，父母还要帮助孩子建立情绪边界感。所谓情绪边界感，就是尊重每个人表达情绪的权利——教会孩子勇敢地说"不"。举个例子，7岁的子萱被好朋友威胁说："如果你不把发夹给我，我就不跟你玩了！"子萱听了后很紧张、很害怕，于是请求妈妈给她买发夹然后送给朋友。妈妈听了，说："你可以拒绝她呀！"子萱哭着说："我怕我拒绝了，她会不高兴！"

针对社交中类似的情绪问题，花卷妈分享给大家**情绪边界"三原则"。**

> ① 别人有权表达对你的喜欢或讨厌；
> ② 你有权拒绝别人；
> ③ 允许别人因为你的拒绝而生气。

花卷妈特别想说的是，父母可以告诉孩子：如果对方是真正的朋友，不会因为被拒绝就不再和你做朋友了。由于社交需求或者服从权威等原因，孩子可能没有办法拒绝别人不合理的要求，父母要帮助孩子学习拒绝别人的方法。当然，更重要的是父母首先要共情，理解孩子希望和别人交朋友、被别人喜爱的内心需求，以及他的无奈。

只有当孩子很清楚地知道自己的界限在哪里，可以坚守自己的界限，也可以遵从自己的内心感受后，才会在关键的密友期形成正确的自我认识。

> 孩子对外交友能力的高低，取决于他们在家庭内部的观察和练习。越是在家里能够自在沟通的孩子，在家庭之外越是感到安全、如鱼得水。

小练习

孩子的玩具又被同伴抢走了，孩子回来后哇哇大哭。这时你可以怎么说？把答案写在下面的横线上。

_____

_____

_____

第六节 **竞争期：孩子怕输、"玻璃心"？**
1个前提 +3 个话术，让孩子勇于竞争

只能赢不能输的曦曦

我女儿曦曦 5 岁了，特别喜欢与小朋友一起玩，可是有时玩着玩着就会哭闹起来。前两天，我带她去朋友家做客，她要与朋友的孩子玩猜拳游戏。一开始，她非常开心地喊："石头、剪子、布。"可是不一会儿，她就输了。有些孩子输就输了，再玩别的去。可是她却不行，一输就马上翻脸，还霸道地说："重新来，刚才玩的不算数！"朋友的孩子一听就急眼了，坚决地拒绝道："不行！"结果，她张口就骂道："你是大坏蛋！"

"你要赖皮，你才是大坏蛋，我不跟你玩了！"说完，朋友的孩子就去看书了，再也不理她。见朋友的孩子不理她了，曦曦像受了多大委屈似的，抱着我呜呜地哭起来："妈妈，他不跟我玩了。他讨厌！"我知道她不开心，可是我除了抱着她，抚摸她的背，倾听她的哭泣，也没有其他办法。还好，不一会儿她就不哭闹了。

但是我还是有些担心，因为她不止一次这样了。花卷妈，我女儿是怎么了？也太输不起了！

实际上，孩子有怕输、输不起的心理，意味着孩子又长大了一些。具体来说，就是他进入了人生中的另一个至关重要的阶段——**竞争期**。孩子一般会在 3 ~ 6 岁进入竞争期。在这个阶段，孩子会表现出"输不起""玻璃心"，而且这些表现都是阶段性的。

一、为什么会表现出"输不起""玻璃心"

我记得花卷 4 岁左右时，"输不起"的表现特别明显：玩乐高输了，不玩了；玩拼图，怕拼错，干脆就不拼了；在画画班上课，如果别的小朋友比她画得好，她就会发脾气、生闷气。

孩子为什么忽然变得这么脆弱了呢？其实，他们表现得"输不起"，和他们的**时间感知**有关。孩子在这个阶段，开始能感受到上午和下午，开始感受到速度，开始体会到真实生活中的快和慢。什么叫真实生活中的快和慢？妈妈做一顿饭需要半小时，洗碗需要 10 分钟，孩子自己走路到学校需要 20 分钟……孩子慢慢体验到真实生活中时间一分一秒地流过的感觉。

因为对时间的感知逐步增强，所以孩子开始留意到，同样的时间，大家一起做一件事，结果却不一样。比如孩子们一起跑步，别的小朋友跑得比自己快；班上同学一起投篮，别的小朋友跳得比自己高；其他人平衡车滑得比自己稳……孩子慢慢发现了自己可能不如别人。这种肉眼可见的落差带来的挫败感，会让孩子表现出"玻璃心"、怕输的行为。

不理解孩子的父母对此就很困惑：多大点儿事啊，孩子的反应怎么就那么明显和激烈呢？那么这究竟是不是一个问题呢？父母应该怎么做？是一味地迁就，还是要求孩子必须坚强起来呢？下面，我会通过一个小故事来给大家做详细的分析。

有一个妈妈来找我，说她儿子源源 6 岁，周末和爸爸下棋，结果却不欢而散。孩子和他爸爸下棋，输了是很正常的事，因为爸爸确实已经下了很多年五子棋。但是孩子输了以后反应非常激烈，他大发脾气，生气地把自己锁进房间，大声地说：**"我就知道你们说我笨，我就知道我总输！"**

源源妈妈不理解孩子怎么会这样，不就是输了盘棋嘛，怎么孩子会有那么大的反应。听源源妈妈说完这件事，我问她之前是否出现过一些类似的情况。源源妈妈回忆了一下，说："出现了很多次。有时候玩游戏输了，孩子变得非常暴躁，也是大发脾气，然后生气地不玩了。"

了解了这些情况，我大概知道是什么原因了。其实源源的心理状态，是他自己想做得特别好，所以在和爸爸下棋的时候，他一旦输了，就会觉得自己不如别人。由此可以判断，孩子的"玻璃心"实际上源自他觉得自己不够好，不能够满足别人对自己的期待。

因此，当表现不好时，他就会把自己推到一个极端，他不会觉得是父母的问题，而只会认为是自己的问题，是自己做得不够好，才会出现这样的情况。从这些反应中，我们可以看到，孩子对自己的期望值比较高，觉得自己需要做得非常好，才能够满足周围人对自己的要求。当他没有完成这个任务，或者说他做得没有自己预想的那么好的时候，他对自己的评价就会是非常负面的。

二、"输不起"沟通法

到底该怎么引导孩子呢？遇到这样的情况，花卷妈建议大家采用**"输不起"沟通法：1 个前提 +3 个话术。**

1 个前提

"输不起"沟通法最重要的一个前提就是，父母要判断孩子的能力和他所需要完成的任务是否匹配，尽量给孩子布置难度同他的能力一致的任务。如果在孩子做的过程当中，父母发现这个任务的难度并不适合孩子，要及时调整任务难度。

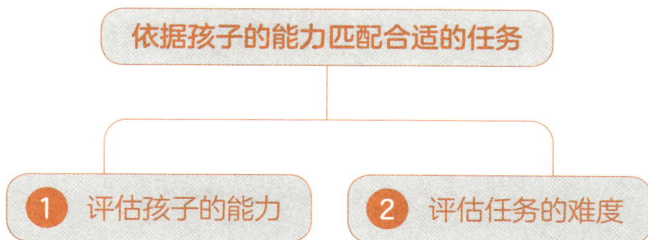

依据孩子的能力匹配合适的任务

1 评估孩子的能力　　**2** 评估任务的难度

接下来我们可以用 3 个黄金话术来解决这个问题。

3 个话术

话术一：说感受。

我们要说出孩子的感受及自己的感受。回到我们刚才讲的源源下棋输了这件事，父母可以等孩子的情绪平复之后，说出他的感受：

"我知道你并不是不想下棋，而是担心自己输了，担心别人说你笨，对不对？"

先平复孩子的情绪，双方才有沟通的基础

话术二：说事实。

说事实，就是客观地引导孩子分析。父母可以说：

"确实，你下棋的水平暂时没有爸爸高；但是爸爸已经下了这么多年了，你有的是时间，以后肯定能赢爸爸。"

陈述事实，而不是宣泄情绪

话术三：给支持。

接下来带着孩子找解决问题的方法，父母可以说：

"你如果想战胜爸爸，就需要不断地练习。那你练习时需要我们的帮助吗？妈妈陪你一起训练，给你加油。"

给孩子支持的目的是落实行动

我特别想告诉大家的是，有两种做法是非常错误的。一种是当我们发现孩子怕输、"玻璃心"的时候，用一种瞧不起的口气对孩子说：**"你是个男孩子，就这点儿小事，怎么能这么小心眼呢？"**这样的口气会让孩子觉得父母鄙视和嫌弃他。

另一种错误做法是，当孩子表现出"玻璃心"的时候，不敢进行客观评价，而只是说：**"你是最好的，你看你一直都很棒！"**其实，这样的善意的谎言，会让孩子活在虚假的世界中，觉得自己很棒、很牛，无法面对现实，这样反而会阻碍孩子的成长。

在竞争期，大部分孩子都会有怕输的心理。这时，我们要接纳他的情绪，接纳他担心自己做不到、担心自己不够好的心理，同时引导孩子思考解决问题的思路，建议他多做练习。

当父母坚持用 1 个前提 +3 个话术引导孩子，孩子会在一次又一次竞争的真实体验中，体验到竞争是被父母允许的，同时失败也会被接纳。那么，他的抗挫折能力就会越来越强，竞争意识也会越来越强，他将敢于竞争、力求成功，同时又能在做不到时，灵活调整目标。

沟通技法篇

更高效地沟通，给孩子
更好的教育

第 三 章

七大沟通方法，
快速提升父母的沟通能力

第一节　说话强势，孩子不听？
了解父母类型，从自己开始改变

> **反复让妈妈读绘本，不肯睡觉的妮妮**

最近女儿妮妮迷上了绘本，每天晚上都让我给她读绘本，读了绘本才肯睡。昨天晚上都快 10 点了，我困得直打呵欠，可她又拿来一本绘本缠着我："妈妈，再给我讲一个故事！"

说实话，我本想对她说："妈妈困死了，不能再读了！"但是想起之前看过的一本育儿书中说的，妈妈要无条件接纳孩子，于是就强打起精神给她讲绘本。可能是睡得太晚了，今天早晨我竟然起晚了。自然，孩子也起晚了，而且不想起床。不起床哪行！于是我就在她的哭闹中帮她穿衣服，送她去了幼儿园。

可能是昨天晚上没睡好，我一上午都无精打采，无法集中精力工作。中午的时候，饭都不想吃了，直接趴在办公桌上睡了一觉。而得知我要补觉的原因，一位同事认为这事怪我，困了就应该直接对孩子说让她早睡觉。

她提醒我说："我看你是真的不会当妈，当妈妈要会真实表达自己的想法，会拒绝孩子。"花卷妈，听同事这样说，我开始自我怀疑：难道我是真的不会带孩子，不会哄孩子吗？

经常向我咨询问题的父母主要是两类：**"软绵绵型"**和**"硬邦邦型"**。"软绵绵型"的父母对孩子比较宽容，甚至有时候会委屈自己来满足孩子。比如我曾经遇到一位妈妈，她不太会对别人说"不"，她脾气很好，比较善于忍耐，把很多情绪都压下去了。

有一天晚上孩子和她说："妈妈，我今天能不能晚点睡觉？"这位妈妈说"好啊"，结果孩子 10 点不睡、11 点不睡，12 点还不睡。这位妈妈表面上没发火，可是心里早就不能接受了，但她依然"软绵绵"地撑着，告诉自己不要发脾气。

针对"软绵绵型"的父母，花卷妈要强调的是——**做父母要真实**。如果我们不能够真实，积累到一定的程度一定会爆发。到那个时候，我们可能连自己都说不清楚为什么发了这么大的火，孩子也不懂我们为什么发了这么大的火。

有可能只是孩子没刷牙、没去睡觉，我们却对孩子发了一通火，其中有 20% 是针对当下这件事发的火，剩下的 80% 是我们长期"软绵绵"的委屈、妥协积累而成的火。这些火气一次性爆发出来，对孩子的影响反而更大。

有些妈妈说，担心真实面对孩子，会显得自己没那么宽容，甚至有点自私。但是我们还是得学会真实表达，当我们察觉到自己有一些"软绵绵"的、不情愿的付出，就要练习让自己把真实的需求表达出来，这样才会让亲子关系更加和谐。

"硬邦邦型"的父母恰恰和"软绵绵型"的父母相反,"软绵绵型"的父母是"什么都可以","硬邦邦型"父母是"什么都不行"。"硬邦邦型"父母的口头禅是:"不可以玩水!""不可以晚睡!""不可以爬上爬下!""不可以摸狗!"孩子的生活中充满了"不可以"和限制。

比如有一位爸爸,他从小被严格养育,父母从来不表扬他,永远只是批评他。所以他有了孩子以后,也习得了这样的教育方法。有一天孩子拿着试卷说:"爸爸,我考了 99 分!"

这位爸爸心里高兴吗?可高兴了。可是由于他从原生家庭里习得的方式,他把他的高兴强压着,很严肃地说:"还有一分是怎么丢的?"他以为冷冰冰的方式是对孩子好。

对于"硬邦邦型"的父母,花卷妈的建议是:内心真的开心,就痛快肯定孩子;不开心,也别隐藏,坦然表达,不要让孩子猜你的心思。

> **真实地表达自己的喜怒哀乐,对于孩子才是好的养育。**

就像本节案例中的妈妈,明明自己想睡觉了,可是还要给孩子读绘本。其实,妈妈可以直截了当地对孩子说:**"宝贝,我不能再给你读绘本了。因为妈妈困了,你也困了。我们不按时睡觉,会影响明天早晨起床的。"**

或者这样和孩子说：**"宝贝，我不能再给你读绘本了，因为妈妈都困得睁不开眼了，现在要马上睡觉，再不睡我明天就起不了床，那样就会影响我白天的工作。"**

不管是"软绵绵型"还是"硬邦邦型"的父母，其实都是心口不一，不能做真实的自己。其实，作为父母，与孩子相处时，我们越是真实地表达自己的喜怒哀乐，越会给孩子边界感，能够让孩子在真的不想接纳时明确地拒绝，同时在开心的时候明确表达喜悦的心情与对他人的赞赏。时间长了，孩子在情绪上就会变得非常有边界感。

这就是本节花卷妈分享给大家的沟通方法：真实地表达。

下一节我们具体来看看"硬邦邦型"父母和"软绵绵型"父母的具体表现和改变方法。

小测试

"硬邦邦型" "软绵绵型" 父母测试,
看看你是什么类型的父母

测试说明:选择A得0分,选择B得1分,选择C得2分。
统计8道题的总分数。

花卷妈小提示:请根据您与孩子相处沟通过程中的真实情况来作答,无须多虑,看后即答。

❶当孩子摔倒哭泣时:( )
A. 不去理会
B. 稍微看一下情况
C. 立即跟过去,将孩子抱起来

❷孩子已经够大,却缠着家长喂饭:( )
A. 孩子已经够大,要他自己吃
B. 偶尔喂他一次
C. 每次都喂他吃

❸当孩子受到惊吓,感到害怕时:( )
A. 骂他没出息

B. 告诉他："有爸爸妈妈在，不怕。"

C. 抱起来安慰，直到孩子平静为止

❹吃饭、睡觉的时间到了，孩子还要看电视：（　　）

A. 为了让孩子遵守规定，立刻制止他

B. 稍微等孩子一会儿

C. 和孩子一起看

❺孩子和朋友因为抢玩具吵架时：（　　）

A. 保持沉默，不去管他

B. 视具体情况而定，从中协调

C. 立刻制止

❻你平时会和孩子一起玩，做他的玩伴吗？（　　）

A. 几乎不当孩子的玩伴

B. 有时间就当他的玩伴

C. 常常陪他，当他的玩伴

❼孩子吵着要和你一起睡觉时：（　　）

A. 斥责他，让他一个人睡

B. 陪在他身边一会儿

C. 和孩子一起睡

8 孩子穿衣服或者吃饭磨磨蹭蹭时：（　　）

A. 让孩子快点，直接给他穿好衣服

B. 协助并督促他，使他快一点

C. 由着他边吃边玩或者边玩边穿

计算总分：_____

总分在 5 分以下是"硬邦邦型"父母，在 6 分以上是"软绵绵型"父母。

第二节 **孩子总爱顶嘴？**
2 个心法 +1 个公式，让孩子肯听话

爱顶嘴、脾气大的佳禾

　　我早就听同事说"七八岁，狗都嫌"，同事经常被他儿子说得无言以对。当时我还笑他笨嘴拙舌，可最近佳禾也爱跟我顶嘴了，我才体验到了如今的孩子多么难搞定了。今天早晨，我将佳禾送到学校门口，并叮嘱他："晚上我有事不来接你了，你放学后要早点回家！不许在路上玩！回家后必须马上写作业！"我还想说些什么，孩子却眉头紧皱，不耐烦地打断我："好了，好了，我知道了，放学早回家，写作业，好好写，按时完成……都说八百遍了，还要说！累不累啊！"我真想教训他："敢跟我这样说话，你胆子大了啊！是不是想找揍啊！"但是想到单位要开早会，就赶紧开车走了。

　　晚上回到家，已经快 10 点了，我见他还趴在桌子上写作业，就有些着急："写多长时间作业了？怎么写个作业都写得这么费劲，天天这么慢？"

　　"我怎么天天写得慢了？我昨天写得挺快的，你怎么不说我快？你知道今天老师留了多少作业？"说完，他起身就要走。我以为他与我赌气不写作业了，就拦着他："干吗去？"

我只说了几个字，结果他却说了一大堆："干吗去？上厕所去！怎么的？我有上厕所的权利吧？在这个家里，难道我连上厕所的自由都没有了？天天什么都管，你是国王吗……"

我没话可说，气哼哼地回了自己的房间。佳禾妈妈在整理衣服，得知我生气的原因，忍不住笑了："什么地什么宅子，什么大人什么孩子，咱孩子随谁呢？你反省一下吧！"

父母是孩子的第一任老师，父母的性格与习惯、说话与沟通方式等，都对孩子有着极其重要的影响。

我在做心理咨询的时候，曾经遇到这样一位女士，她小的时候特别害怕父母待在一起。因为他们在一起，总是妈妈在抱怨，爸爸坐在那里不说话。正是因为如此，到了谈恋爱的年龄，她心里想："我一定要找一个什么心里话都愿意跟我说的人，绝不能找我爸爸那样的！"

结果结婚后，她与爱人的相处模式越来越像她父母的相处模式。有时不管她说什么、怎么说，她的爱人都表现得无动于衷，好像一拳打进了棉花里。从心理学上来说，不仅仅是她，我们每个人都会从自己的原生家庭中继承或者学习一种与人相处的模式，用这种模式与人相处、沟通。

有意思的是，男孩会从潜意识中学习爸爸的沟通模式，女孩则会不由自主地学习妈妈的沟通模式。既然原生家庭的沟通模式是可以影响孩子的，那么，作为父母就要反省自己原生家庭的沟通模式是否恰当。通常，家庭的沟通模式有三种：**父母模式、小孩模式和成人模式。**上一节，我们做了父母类型测试，其实父母模式对应的是"硬邦邦型"父母，小孩模式对应的是"软绵绵型"父母。

具有父母模式的人在与人沟通时，常常喜欢说一些制造压力或者是评判他人的话，比如他所说的话中会有一些关键词——**应该、必须、肯定、一定**，或者他一开口就会说**谁做得不对、谁做得不合适**等。

最致命的是，具有父母模式的人特别爱用"你句式"与人进行沟通。之所以如此，是因为在他的潜意识中，总是认为"我"比"你"的位置高。由于有了这种高高在上的心理，他就觉得自己有权去管束他人、要求他人、限制他人。如果用一个词来概括这种心理，那就是**控制**，也就是他往往用自认为正确的方式去控制他人。

如果我们是具有父母模式的人，应该如何改变自己的沟通模式？在这里，花卷妈分享"2个心法 + 1个公式"。

2 个心法 + 1 个公式

心法一：沟通是为了与孩子产生好的感觉。

首先，你在说话之前，一定要记得"**沟通是为了与孩子之间产生好的感觉**"，而不是"咔嚓"一刀把关系切断了。当你能时刻记住这句话，你的语言就会变得柔软一些，就能站在孩子的立场考虑问题。比如，你不喜欢孩子拖拉，站在你的立场，不让孩子磨蹭是正确的；可是如果站在孩子的立场，这个观点就未必正确了。强行让一个人放弃他的观点或者做法，特别容易产生纷争。我们与孩子沟通是为了与孩子产生连接，而不是发生争吵。

心法二：沟通的目的是实现双赢。

沟通的目的是实现双赢，想要更好地实现这一目的，具有父母模式的人就需要降低沟通的"硬度"，在与孩子沟通时，要把一些"硬邦邦"的词汇去掉，尽量使用一些风趣和幽默的语言，同时少使用总是、老是、经常、每次等词语。

一个公式："爱的连接" + 具体请求。

什么是"爱的连接"呢？就是用让孩子感觉温暖与舒服的话语或行为与孩子沟通。比如，说感谢的话、赞美的话，拥抱孩子或者与孩子击掌等。举个例子，孩子放学回来，我们先和孩子进行"爱的连接"，可以这样说：**"宝贝回来了，赶紧来让妈妈拥抱一下！"**如果面对的是青春期的孩子，可以看着孩子的眼睛，给孩子一个微笑，然后说：**"回来啦！"**

> **温暖的话　或　拥抱　或　击掌　或　微笑**

这样的话一说出来，就会让语言的温暖度和柔软度立刻得到提升，接下来，就可以发出你的请求了。比如，你希望孩子早点写作业，可以说：**"妈妈看了一下时间，如果你在 9 点之前写完作业，妈妈就有时间陪你读一会儿书了！"** 或者说：**"妈妈今天 7~9 点的这段时间可以陪着你写作业，9 点以后妈妈就要做一些自己的事情了。"**

> **具体请求 = 明确父母的时间或精力 + 说明诉求**

想想看，用"爱的连接"+ 具体请求，一定会比打骂吼催孩子更管用。

> ❝　　　爱是沟通的前提。为人父母，我们想要拥有良好
> 的亲子关系，就要注意沟通模式，尽量降低沟通中语
> 言的"硬度"，多说让人感觉温暖与舒服的语言。❞

要做到这一点，就要记得我们沟通的目的是让彼此有好的感觉，实现双赢。

花卷妈在线

➡ **家长**：我也试过好好说话、说软话，可孩子就是不听。到底哪里出了问题？为什么孩子敬酒不吃偏要吃罚酒？

➡ **花卷妈**：我猜测孩子在和父母互动的过程中体会到的模式是，父母表现得"风平浪静"太不正常，一旦他们说话时满面春风，一定有什么事情发生。所以孩子看到你"好好说话"的时候是不习惯的。你凶他一顿、骂他一顿，孩子反而心里踏实了。

我曾经给一个青春期男孩做心理咨询。这个男孩说，他爸经常骂他，如果哪天没骂他，他就感到奇怪了，于是他就用尽方法激怒爸爸，让爸爸终于骂他一顿，他才敢踏实地睡觉。为什么会这样？孩子习惯了"灾难"，"灾难"发生了，他才安心。

怎么办呢？建议你耐心地和孩子做一次沟通："爸爸妈妈以前有点着急，有时候控制不了脾气对你大吼大叫，但是我们现在正在学习和改变，请给爸爸妈妈一些时间，谢谢你的信任。"就这样，让孩子重新一点点习惯你们的"美好"，重新建立对你们的信任。

第三节 孩子把你的话当空气？
1个思考+1个决定，让你的话有分量

出尔反尔的皮皮妈妈

皮皮的叔叔今天结婚，婚宴上有很多皮皮喜欢吃的糕点。皮皮爸爸提醒我："不许他多吃糕点。"我点点头。可等皮皮爸爸去洗手间了，皮皮就开始吵闹着要吃糕点。我架不住皮皮的吵闹，就给他拿了一些小糕点。没想到他吃完后竟然还想吃，我刚想说"不行"，皮皮奶奶来了。一见奶奶来了，皮皮立马向奶奶告状："奶奶，妈妈不让我吃糕点！"

"大喜的日子，我孙子想吃糕点都不行？吃，奶奶做主了，想吃多少吃多少！"奶奶边说边宠溺地给皮皮拿糕点。一时间，他面前的盘中堆满了各式各样的糕点。看着皮皮吃得嘴巴鼓鼓的，嘴角沾着奶油，我只能不断地提醒他："少吃点，甜食吃多了牙会疼的，到时别找我！"

或许是白天糕点吃多了，那天半夜他的牙果然开始疼起来。皮皮爸爸一个劲地抱怨我："跟你说让他少吃糕点，你怎么连个孩子都管不好呢？"听了皮皮爸爸的抱怨，我也委屈："我倒是想好好管他，无奈他又是吵闹，又是拿奶奶来压我。"唉，儿子如此难对付，我应该怎么办才好呢？

很多时候，我们总觉得孩子很难对付，从表面上看是孩子不听话，实际上是父母有问题。因为父母是"软绵绵型"的，也就是具有**儿童模式**的父母。比如，上文中的这个妈妈就是典型的具有儿童模式的人。什么是**儿童模式**呢？如果一个人心理状态总是处于孩提时代，总像小孩一样情绪化，遇到事情时爱感情用事，已经决定的事随时随地都可能变，那么这种情绪化的行为模式就叫作儿童模式。

儿童模式：情绪化。

具有儿童模式的人与人沟通时有何特点呢？最大的特点就是**情绪化**。有时，对于某一件事情，他稍微感觉不对劲，就会马上跟人翻脸；另外一个人稍微一夸他，他马上又高兴了。或者他总是跟你没完没了地抬杠，你要他向南，他偏要向北。其实，他明明知道向北不好，但是他就是不想听你的，跟一辈子都处于青春期似的，偏要和你较劲。

具有儿童模式的父母特别喜欢说**永远、一辈子、再也不**之类的话。我就认识这样的一个妈妈。她一生气，就对自己的孩子说："我这一辈子都不想和你说话了！"结果一分钟后，她却又冲孩子呵呵地笑。这种类型的妈妈，前一分钟还气急败坏地对孩子说："这是我最后一次给你买玩具了，你别指望我下次还给你买！"结果没一会儿，她又给孩子买玩具了。

另外有一些具有儿童模式的父母，说话快，做决定也很快，随时随地定规则,又随心所欲地改规则。他们给孩子的感觉是说话做事非常不稳重,因此,他们的孩子往往会把他们说的话当作耳旁风。

在这里要提醒父母的是,在与孩子玩耍的时候,特别是在和孩子聊一些令人开心的事情、轻松的话题的时候,可以用儿童模式进行沟通。不过,在教育孩子的时候,特别是在需要做决定的时候,是不能采用儿童模式的。那么应该如何做比较好呢?其实,父母可以尝试用**"双一法则"**沟通,即"1 个思考 +1 个决定"。

1 个思考 +1 个决定

什么是"1 个思考 +1 个决定"呢?就是当你想要做决定的时候,先在心中默默地思考清楚,再认真地跟孩子说出这个决定。

比如你想说:"我这辈子都不会让你玩手机了,我要再让你玩手机,我就不姓李!"当你想要说这句话时,你要给自己一个思考的时间,问问自己一辈子有多长,你真的能够做到一辈子不让孩子玩手机吗?如果答案是做不到,那么,你就不要说这种决绝的话。如果你感觉要说出的话还有需要修改的地方,就修改后再说出来,而且说出后就不能再改变。

比如,孩子闹着让你给他买绘本,你根本不想买,又经不起孩子哭闹,于是你决定买,可是你又非常生气。此时,你可能就会想说:"你有本事就一直哭,这是最后一次给你买绘本,这辈子不要再让我给你买绘本了！"但是你想一下"1 个思考 +1 个决定"这个沟通方式，你默念一遍你的决定，或许就会发现：一辈子不给孩子买绘本这件事你根本做不到。

所以你要立刻调整说法，想好怎么说后再认真地对孩子说话。比如可以这样说："**现在，妈妈没有打算给你买绘本，不过，我们可以商量一下什么时候买。你是想再哭一会儿，还是马上和我商量买绘本的时间呢？**"

用"双一法则"这种沟通方式与孩子聊天，时间长了，你就会发现，当你很认真而且心平气和地与孩子沟通时，孩子的情绪就会比较稳定，就能够听得进你的话。所以，具有儿童模式的父母可多运用这种沟通方式。随着时间的推移，你与孩子的沟通会变得越来越顺畅，孩子也会变得越来越懂事。

花卷妈在线

➡ **家长**：我家孩子哭的时候，有时候我也装哭。孩子看到我哭，他就不哭了。孩子如果不理我，我也不理他，看谁犟得过谁！花卷妈，这样养育孩子对吗？

➡ **花卷妈**：我的第一感受是两个孩子在较劲。如果你的孩子五岁，那么请问你的心理年龄多大呢？肯定不超过五岁半。你是成年人，却在和孩子一起斗气，像一个四五岁的小孩。表面上看你是在教训孩子，实际上是在和孩子较劲，这就是典型的儿童模式。这种亲子互动行为持续久了，孩子会非常困惑，因为当孩子崩溃和哭泣的时候，不仅没有人稳稳地接住他的情绪，他还得反过来安慰父母。如果孩子的爸爸也采用这种处理方式，慢慢地，孩子就会被迫长大，站到"父母"的位置照顾两个没长大的"孩子"。慢慢地，孩子做事会去迎合父母，以让父母开心，进而失去自我。我给你的建议是，不要控制孩子的情绪和感受，不要试图让他来迎合你。最健康的方式就是你的情绪归你，孩子的情绪归孩子，你的情绪你自己感受和消化，孩子的情绪则给他时间去慢慢释放和消化。父母要将自己稳定在成年人的位置。

第四节 **孩子总是哭闹不停？**
表达需求三步法，让孩子主动表达

不会表达需求，用哭来表达的花卷

孩子不开心时，似乎都爱哭鼻子，我女儿花卷也是如此。有一天，她从幼儿园回来就开始抹眼泪，我心疼地问她怎么了，她抽抽咽咽地对我说："今天同学们互送发夹，我却没有收到发夹。"

哦，原来如此。其他小朋友都有同学送的发夹，女儿当然也希望收到同学送的发夹。没有人送给她，她自然就会感觉特别伤心。于是，我就好奇地问她："那你希望收到谁送的发夹呢？"

她思索片刻，说了一个同班女孩的名字——妞妞。我说："宝贝，如果你不表达你的需求，就没有人会猜到你想要什么，所以妈妈现在带着你表达需求，然后看看需求会不会得到满足。"

孩子答应了。我拿起手机在微信上找到妞妞的妈妈，然后鼓励女儿："现在，你可以表达你的需求了，你可以告诉妞妞——'妞妞，我想收到一个你送的发夹。'"

她虽然有些紧张，但还是在我的鼓励下发了一条语音信息："妞妞，你可以送我一个发夹吗？"然后，她很紧张地对我说："妈妈，妞妞会不会拒绝我呀？她会不会不送呀？"

面对她的担心，我说："妞妞会不会满足你，妈妈也不知道，但是明天我们可以看看会有什么结果啊。"女儿听完之后，紧张的神情马上就放松了，然后开心地去玩了。结果第二天她真的收到了妞妞送的发夹。

她非常高兴地对我说："妈妈，原来我不说，妞妞是不知道我想要什么的，看来表达需求就真的有可能得到满足啊！"

上述情况你是否遇到过？孩子通常不会表达自己的需求，只会哭。你问他："你到底想要什么呀？"他不说，或者说不明白。其实，孩子总是哭，怎么也哄不好，与孩子不会表达需求有关系。很多父母看到孩子哭，会生气地说："你哭什么哭？你说呀！能不能好好说话！"实际上，孩子要能够**"好好说话"**，至少需要具备两种能力。

能力一：知道自己要什么。

清楚地知道自己需要的是什么，这看上去很简单，但是往往很多成年人都说不清楚。为什么说要知道自己需要的是什么呢？很多成年人心智并不成熟，常常会有这样的抱怨："怎么没有人来帮我，就我一个人做所有的事情！？"

如果你问这种喜欢抱怨的人："你的需求是什么？"他通常不知道，或者不能清晰地讲出自己要的是什么，需要什么样的帮助。所以能表达自己的需求，能争取别人的支持和帮助，是一种能力！

这种能力并不是所有人都有的。多数孩子就没有这个能力，他们会抱怨，感到不爽就会哭，却说不出自己需要别人什么样的帮助。

很多成年人也是这样。他们或者不知道自己要什么，或者什么也不说，他们甚至为提出需求感到羞耻。其中一些人会让你猜，你要是不猜，他们就会生气。他们认为你猜到了才是爱他的表现。

能力二：能表达出自己的需求。

只有能**看见自己的需求**，才能**表达需求**。按理说，孩子对自己的需求是有感知的，直接说出想要什么是最好的。然而，孩子表达能力有限，说不清自己的需求，所以有时就会一直哭。一个人不说出自己的需求，而且别人也猜不到，那么他的需求就难以被满足，他就会因此不自觉地产生愤怒的情绪。

父母要避免孩子因需求无法得到满足而产生愤怒的情绪，就要教孩子从小学会表达自己的需求。一个孩子慢慢地学会了表达需求，并且总是争取满足自己的需求，他就可以从婴儿的状态中走出来，不会再哭着等别人来爱他、来猜他的需求了。

当发现孩子不会表达需求时，父母要怎么具体引导孩子表达需求呢？可以试试花卷妈分享的**表达需求三步法。**

第一步，我想要。

当孩子因需求无法得到满足而有情绪，而且不愿意表达的时候，父母要教孩子当面表达需求的话术，具体如下：

"宝贝，你有什么想要的、渴望的，都可以告诉妈妈，比如你要告诉我'妈妈我想要一个生日礼物'或者'妈妈我想要一个玩具'，或者你想要怎么样……"这一步的作用是确认孩子的需求。

鼓励孩子变被动为主动，让孩子自己争取

第二步，正反馈。

刚开始孩子可能不会说，这时父母要耐心地引导，并且给孩子正向的反馈：**"你的每一个需求都很重要，都值得被满足。你提出来试试，看怎么样才能满足自己。"**

肯定、鼓励孩子的需求

第三步，抓行动。

在孩子表达出自己的需求之后，父母可以邀请孩子检验，也就是检验自己"想要的"是否能得到满足。此时，孩子有可能担心自己的要求会被拒绝或者否定，这时你可以对他说：

"别人会有怎么样的反应，我们不清楚。我们要一起通过现实来检验。如果失败了，我们就继续用别的方法来表达需求；如果成功了，那我们就积累了一点经验！"

需求需要用行动去检验，
只有通过行动，提需求的能力才会变强

当孩子看到你在不断地表达需求，同时又在引导他表达需求的时候，孩子就会发现："哦，原来一个人要为自己的需求负责任，需求只有表达出来才会得到满足。"

看见自己的需求并且表达出来，这是一种很难得的能力。

父母可以试着培养自己和孩子的这种能力：把自己当作世界上最重要的人，自己的每一个需求都很重要，都值得被满足；所以要提出需求，并尝试让它得到满足。

下一节我们将谈一谈，孩子不愿意和父母交流时，父母该如何打开孩子的心门，并让孩子感受到爱。

第五节　想让孩子无话不谈？
有效倾听引导公式，让孩子感受到你的爱

把父母挡在"心门"外、拒绝和父母交流的小婕

　　女儿小婕上了初中后，我发现她与我之间的话越来越少了。每天一放学，她就进自己的房间写作业。写完作业，她就睡觉。最近我听了一堂家庭教育讲座，讲课的老师说，父母要与孩子多沟通。我就打算趁周六和周日晚上，利用她不用写作业的时间，与她好好聊聊。结果，我找她聊天时，她却躺在床上，眼睛盯着手机。我问她："最近在学校怎么样，还好吧？"她回我一个字"好"。"老师讲的课还能听懂吧？跟同学的关系还好吧？"她又应付地说："还行吧！你别管我了！"她这态度，明显是不想跟我聊天！

　　跟一个朋友聊起此事，她说不必生气，她的女儿也是这样的：天天一放学就将自己关进房间，只有吃饭时才会与她聊天；可她一跟女儿聊天，女儿就一副爱搭不理的样子，有时"嗯，啊"应对，有时直接把她当空气。

　　我知道，朋友这样说，是为了劝我不要太在意，可是听了朋友的话，我更加困惑了：花卷妈，现在的孩子怎么了？我记得孩子小时候什么话都要跟我说，我们的关系简直是亲密无间！可是为什么孩子长大了，却不爱与父母交流了，与父母的关系越来越远了？

或许，很多父母都面临这样的困境：随着孩子年龄的增长，与孩子的交流越来越少，也越来越难了。为什么会这样呢？这是因为随着年龄的不断增长，孩子的内心越来越像一颗包裹得严严实实的洋葱。此时，父母要想了解孩子，首先要会"听"，然后用有效倾听引导公式回应孩子，这样才能走近孩子的内心。

第一步，会倾听，追寻孩子语言背后的信息。

沟通的金钥匙其实就是听。很多人觉得，听还不简单吗，带着耳朵就行了。这里的"听"，是指用心去听，听明白对方的真实意图。听明白后给予回应，可以让对方有一种感觉："哇，你好懂我，你好理解我！"能让对方有这种感觉，你才真正算会倾听和会回应。对方一旦产生了"你好理解我"的感受，他的心门就慢慢打开了。

听，需要练习。通过练习，你的沟通能力就会大幅度提升。请大家想一想：如果你和孩子围绕学习的问题交流 10 分钟，通常情况下你能说几分钟，孩子能说几分钟？是不是多数情况是父母自说自话？也就是父母一直在说，孩子不吭声；孩子到底有没有听，父母也不知道。

到底要怎么听呢？经常有人跟我说："花卷妈，我常常在听孩子说话呀！"可是如果你在听的时候，边听边在心里打底稿，在琢磨待会儿应该怎么说服他，那这种做法就不叫倾听了，而叫辩论。真正的听，是把注意力都放在对方的身上。去关注对方的信息，这才是最重要的。

听的核心：情绪、想法。

听的时候，要注意三点：一是对方的情绪，二是对方的想法，三是对方的动机。这三点是一个人说话和做事的推动力。比如前面案例里的女孩小婕，妈妈和她说话，她说"你别管我了"，其背后的情绪是什么呢？是孩子内心的反感、愤怒和失望。其实每个人说的每一句话，背后都是有情绪的。如果妈妈只听到了孩子表面的话，没有透过孩子的话看到孩子真正的情绪，就特别容易让亲子关系雪上加霜。

第二步，回应孩子。

听完孩子的话，该如何回应呢？通过孩子的眼神、表情、肢体语言，你能不能够及时给予正确的回应？在这里，花卷妈分享**有效倾听引导公式**。我们结合案例来做练习。

> **是不是……你感觉……所以……**

比如孩子噘着嘴说："妈妈，老师今天罚我写 20 遍单词。"不会听的妈妈可能会说："是不是你又没把作业写好，让老师抓住了？"你想想，当你这么说的时候，孩子还会继续跟你说吗？可能你再怎么追问，孩子也不想跟你说了。

我们用有效倾听引导公式试一试。比如你可以这样说："**是不是今天老师罚你写 20 遍单词，你感觉很委屈，心里特别不好受，**

所以噘着小嘴气呼呼的呀？"孩子可能立刻就有这种感觉："呀，我妈妈好懂我，我就是很委屈。"这时孩子就愿意打开心门和你沟通了。

比如孩子写字总写错，重写了几遍以后，忽然就烦躁地不写了。你可以对孩子说："是不是这个字怎么也写不对，你感觉很着急，所以烦躁得不想写了？"孩子可能立刻就有这种感觉："对！我就是很烦，我烦得不想写了！"你说出了孩子的心声，孩子就愿意打开心门和你沟通，你才有接下来和孩子探讨如何解决问题的可能。所以会"听"是沟通非常重要的前提。

如果你已经用有效倾听引导公式跟孩子沟通了，但是孩子还是情绪很大，那么该怎么平复孩子的情绪呢？在下一节中我们将具体介绍。

小 练 习

考试成绩出来了，孩子没考好，未取得预想的第一名，在家里情绪低落，闷闷不乐。这时候你可以怎么说？把你的答案写在下面的横线上。

_____

_____

_____

第六节 好好说话孩子不听？
情绪温度计，迅速为情绪降温

情绪说来就来、一点就着的彤彤

　　女儿彤彤特别喜欢动物，于是，我与她爸爸经常带她逛动物园。这天，我们又带她去动物园。到了动物园，女儿高兴得手舞足蹈。看见那么多动物，她的眼睛都不够用了，腿似乎也不够用了。她一会儿走到虎山看老虎，一会儿又跑到长颈鹿馆看长颈鹿。这天是周六，很多父母带孩子来玩，动物园里人山人海。我担心她跑丢了，就在后面一边小跑着跟着她，一边不停地喊："慢点啊！别走那么快！"可是她像没听到似的，只顾兴冲冲地向前跑。

　　我好不容易追上她，发现她出了好多汗，就赶紧边擦汗边对她说："你看你这孩子，让你慢着点，怎么就是不听？"我话还没说完，她就丢下一句"妈妈，你又开始啰唆了"，又跑了。我们只能在后面追，等追上了她，我递给她一瓶水，忍不住又责怪了她一句："不让你跑那么快，你非跑那么快，万一让人撞着或撞着人怎么办？"结果，这句话彻底惹恼了她，她冲我咆哮："妈妈，你别啰唆了！出来逛个动物园，你也不消停，真扫兴！"

　　"我啰唆吗？"我问女儿爸爸。女儿爸爸点头称是，还说："你老让她慢点，一直重复个不停，我听得都要崩溃了！"听了女儿爸爸的话，我非常不解：我就算啰唆了点，还不是为了女儿好，她至于像小怪兽一样对我吼吗？唉，现在的孩子可真的是难相处啊，动不动就生气，简直就是一个炸药包，一点就着！怎么才能与孩子友好相处呢？

上一节，我们说到了孩子有情绪的时候，用有效倾听引导公式，让孩子打开心门，和你好好说话。但是很多时候，我们会发现，父母越是耐着性子和孩子"好好说话"，孩子越不听。孩子不耐烦地说："我不要听！我不要！我不要！"根本不给父母机会继续开口。为什么会这样？

其实，孩子用这种方式对抗父母，是因为很多父母爱啰唆、爱唠叨。父母自己觉得没什么，可是孩子听了，就像是孙悟空在听唐僧念紧箍咒一样，浑身不舒服。孩子突然大喊大叫，情绪波动大，其实与**情绪温度**有非常重要的关系。

什么是**情绪温度**呢？它是沟通中的一个专有名词。一般来说，我们正常的体温是 36℃ 多一点，如果体温超过 37℃、不到 38.5℃ 就是低烧，超过 38.5℃ 就是高烧了。体温会随着身体状况的变化而变化。**情绪温度**也是如此，会随着人的情绪波动而发生变化。通常，一个人越激动，他的情绪温度越高。

我们的情绪温度为何会发生变化呢？其变化主要受三个因素影响：**场景、语言、动作和表情**。

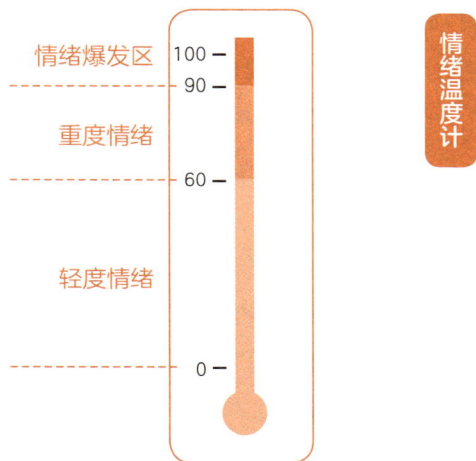

情绪爆发区　100

90

重度情绪

60

轻度情绪

0

情绪温度计

1. 场景

在日常生活中，我们每个人都会遇到一些特定的场景，这些场景会对我们产生刺激，如果受这些场景的刺激太多，我们的情绪温度就容易上升，会形成条件反射。比如，早上起床，有的妈妈眼看上学时间到了，孩子还在磨蹭，她的情绪温度计就开始出现反应，她的情绪会马上升温。

当情绪温度开始上升的时候，人的沟通能力怎么样呢？大部分父母在情绪升温的时候是没能力与孩子沟通的。不仅如此，还会特别容易刺激孩子，让孩子的情绪温度飙升。

我曾经遇到一位妈妈，她不喜欢孩子玩手机，一看到孩子玩手机，她的情绪温度计直接爆表。这个时候，她说话就会变得啰唆，忍不住开始指责孩子。而妈妈的啰唆、指责只会刺激孩子，会使孩子的情绪温度也开始升高。于是母子二人就开始争吵不休、互相伤害。

2. 语言

除了场景之外，某些语言也会对孩子造成刺激，甚至让孩子情绪失控。比如，"你怎么这么爱撒谎""你这孩子怎么这么懒""你怎么这么不上进呢""你怎么就随了你爸呢！干啥啥不行，'躺平'第一名"等话语，就很容易刺激孩子。

这些让情绪升温的话，都是采用以**"你"**字开头，并紧接一个"负面标签"的形式。父母用这种话与孩子沟通，孩子的情绪温度就会上升。人的情绪一升温，往往就会出现一些不好的行为。比如，小一些的孩子会哭闹、发脾气、打滚等；大一些的孩子会揪自己头发或不自觉地抖腿、眨眼睛、咬指甲等；成年人则要么避而不谈，要么直接与你抬杠、吵架。

3. 动作和表情

有个孩子曾经在线下咨询中跟我说，他只要看到同学中有人叹气或敲桌子就浑身紧张、呼吸急促。我后来和他聊了很多次，终于找到了问题的根源。原来，这个孩子小时候，他的爸爸看到他写作业写得不好，就会叹气、皱眉头，然后走开。他的妈妈看到他写作业写得不好，惯性动作是指指点点、敲桌子。

这个孩子长大住校以后，只要同宿舍有人敲桌子或者叹气，他的情绪就开始升温，浑身发紧，情绪也开始变得难以自控。在一对一咨询之前，这个孩子也不明白自己为什么这么敏感、易怒，直到咨询后才知道症结在于小时候经受了太多恐惧、担心和害怕，父母的一个小动作、微表情，都会让他觉得大难临头。在成长的过程中，他不知道应该怎么处理这样的情绪，也不知道怎么表达，所以就容易陷入一种强烈的倾向于自我否定的状态。

现在，我们知道了情绪温度计，知道了特定场景、特定语言、特定动作和表情容易让孩子情绪升温。如果你想让自己与孩子的情绪温度都稳定，想与孩子保持良好的沟通，就要学会肯定孩子。**肯定，可以让孩子从紧张、恐惧中平静下来，让孩子的情绪降温。**具体怎么肯定孩子呢？请接着看花卷妈给大家分享的**情绪降温三法则**。

情绪降温三法则

法则一：肯定"开始"。

什么是"开始"呢？就是孩子做事的初心。

"哇，你原来都不愿意参加这个比赛，但是现在你参加了。"

"原来你都不敢上台发言的，现在你战胜了自己，不仅上去发言了，而且发音很清晰，表情很自然。"这就是表扬孩子参与某一件事情的"开始"。

肯定孩子做一件事的初心

法则二：肯定"过程"。

什么是"过程"呢？就是孩子在做一件事情的过程中所付出的努力。

"我看到积木倒了四五次，你试了好几种方法才把积木搭稳，我发现你在整个过程中都能够自己想办法，非常能坚持。"

肯定孩子做事过程中付出的努力

法则三：肯定能力。

当孩子做事情时，我们一定要及时地肯定孩子。即使这件事他做得并不完美，甚至失败了，父母也要肯定他做这件事中能力的微小提升。比如，我们可以将"你怎么这么磨蹭"改为**"宝贝，妈妈今天都没有提醒你，你就把作业写完了，你的自控能力提高了"**，可以将"你怎么半天了还在做同一道题"改为**"我看到你一直坐在书桌前写作业，虽然写得不快，但是你一直在坚持"**。

肯定孩子做一件事的过程中能力的微小提升

我们如果更**看重孩子的初心、坚持的过程、在过程中能力的积累和提升并表达出来**，那么孩子在遇到一些新事物的时候，就更愿意尝试，而不会仅仅看重结果。"情绪降温三法则"用得越多，孩子的自我感觉就越好；孩子的自我感觉越好，情绪就越不容易失控。

我们可以用"情绪降温三法则"去创造让孩子感觉舒服的场景，学会调整语言、动作、表情。这样，当你偶尔控制不了自己，向孩子发脾气时，对孩子的情绪温度也不会有太大的影响，孩子也不会因为你的啰唆而暴跳如雷，而是能够淡然面对。时间长了，孩子就不会被情绪的"紧箍咒"困扰了。

下一节，我们说说父母情绪常常失控该怎么办，以及为了避免情绪失控可以怎么做。

花卷妈在线

➡ **家长**：如果总是肯定孩子，孩子会不会以后就听不得批评了？孩子会不会以后只能听好听的？孩子会不会变得脆弱？

➡ **花卷妈**：我能看到的是，面对孩子的问题，你内心经常有两个声音。一个声音在说："你要好好爱孩子，满足他，接纳他，肯定他。"另一个声音在说："你这是在惯他，会惯得他没有边界感，惯得他为所欲为。你应该好好教育他。"事实上，你要允许任何想法的存在。无论你有怎样的想法，你都要明白它们只是你的想象和担心而已，并不是真实的。担心的事情并没有发生，那就请你看看真实的自己和孩子。孩子喜欢被你肯定，你就痛快地肯定他；当你不想肯定孩子的时候，你就不肯定。最怕的就是你在肯定孩子的过程中不情不愿，孩子感觉不尽兴，而你又觉得已经给了他很大的"恩赐"。那究竟该怎么做呢？你要做的就是能满足孩子时就干脆痛快地满足，不能满足时也不去担心可能出现不好的结果。

第七节 **父母情绪常常失控？**
发送"地雷信"，营造良好环境

一天发火三次的陌陌妈妈

　　这两天，老公出差，我负责照顾儿子陌陌。早上送陌陌去幼儿园，他却怎么都不肯起床，又是哭又是闹的。我眼看上班时间快到了，不禁火大，拎起陌陌来就打他屁股："你到底起床不起床！你要是不起来，我就走了！"陌陌吓得不哭了，爬起来抽抽搭搭地开始穿衣服。结果我上班还是迟到了。下午我接上陌陌，把他带回公司加班。我正准备做手头的工作，他凑过来喊："妈妈，你陪我玩下嘛！妈妈，你什么时候能结束呀？"我对他说："很快，你先自己玩一会儿。"没过多久他又过来问："妈妈，你好了吗？你还要多久？你怎么还没完呀？"我的工作思路又一次被打断了，看了看自己两小时都没完成工作，心里不由得开始烦躁，对陌陌说："让你等一下！你没看见妈妈在工作吗！？"陌陌噘着嘴巴，有点想哭。我看到他这个样子，心想算了吧，明天再做，于是收拾东西带他回家。回到家已经快7点了，我给陌陌做了一碗面，谁知道他来一句："妈妈，我不想吃面，我想吃油焖虾和肉丸汤。"说完把面碗推到一边。那时我真的受不了了！一天的节奏全部都乱了，上班迟到，工作没完成，孩子还跟我胡闹，不肯吃饭。我气呼呼地对陌陌说："你爱吃不吃，妈妈今天累死了，不吃你就饿肚子，啥也别吃了！"

就这么一天又一天的，我感觉我的脾气跟爆竹被点燃了一样，弄得身心俱惫。这到底是怎么回事呢？花卷妈，我向你求助！

说实话，我特别理解陌陌妈妈。妈妈独自带孩子，身边又没有人及时帮忙的时候，确实会鸡飞狗跳，脾气再好也容易爆发。我想对所有的父母说：作为成年人，你有情绪很正常，你也做不到一天二十四小时都心如止水、心平气和。没有从来不发脾气的人。

相反，如果一个人从来不发脾气，花卷妈倒是觉得更危险。这种人要么强行隐藏、隔离了自己的情绪，要么习惯性地委屈自己，讨好别人。而生活中这种不发脾气的"老好人"，一旦情绪爆发，后果往往不堪设想。

既然如此，作为父母，我们要怎么做呢？花卷妈分享一种方法——**使用"地雷信"**，清晰地表达自己的情绪爆点。

"地雷信"的常见内容

什么情况下你会生气？
什么情况下你会暴躁？
什么情况下你会失控？
什么事情最让你抓耳挠腮地难受？

把你的"情绪地雷"提前告诉孩子，那么你们的交往将会变得更轻松。比如，我与女儿花卷在一起时，就会经常告诉她我的"情绪地雷"，我会对她说："**妈妈特别累的时候，就会发脾气。**"

我用这样的方式告诉孩子，就是要让她了解我，了解我在很累的时候控制不了情绪，可能会烦躁、发脾气。

大家可以想象一下，假如父母是一栋房子，孩子每天走进这栋房子，不知道踩到哪里就会"砰"的引爆地雷，那么孩子得多么小心翼翼或心惊胆战。如果你提前明确地告诉孩子你的"情绪地雷"可能会"埋"在哪里，孩子就会更清楚地知道如何与你相处。

比如很多妈妈在工作时不喜欢被孩子打扰。要想避免被打扰，其实很简单，只要提前向孩子说明你的"情绪地雷"就可以了。你可以告诉孩子："**妈妈在工作的时候不喜欢被人打扰，被打扰了妈妈的思路就会中断，就会抓狂。**"提前告诉孩子自己的"情绪地雷"，可以避免孩子来找你时你怒气冲冲地吼孩子。

再比如，有些妈妈的"情绪地雷"在孩子赖床、上学迟到的情况下特别容易爆炸，那么你就可以告诉孩子："**妈妈喜欢早睡早起，妈妈不喜欢迟到，迟到会让妈妈很焦虑，容易发脾气。**"

事实上，在日常生活中，我们要经常使用"地雷信"：妈妈什么时候容易发脾气，妈妈是个什么样的人。将一切明明白白告诉孩子，孩子才会更好地配合你。

那么，在什么时候告诉对方这些信息比较适宜呢？最好是在双方都没有情绪、心平气和的时候。

别看这小小的"地雷信"，想要表达出来可不是那么容易的！在线下活动中，我经常让妈妈们和身边的人表达自己的"地雷信"。在活动过程中，我发现有一些妈妈怎么都写不出东西来，比如自己是谁、想要什么、需要什么、渴望被怎么对待、讨厌被怎么对待，以及自己在什么样情况下会发脾气等。

有的人很难清晰地表达，可能是因为在成长过程中很少有机会表达自己，或者是想表达时被父母指责过。

"你怎么这么自私！"

"你怎么只为自己着想！"

"你怎么事儿这么多！"

于是，当你想使用"地雷信"的时候，你就有困扰，会考虑他人的看法，甚至不敢正视自己的真实感受、需求、喜好等。

请你从今天开始多向孩子发送"地雷信"，让孩子知道：**妈妈喜欢被温柔地对待，妈妈喜欢被尊重，妈妈喜欢有独处的时间，妈妈喜欢在累的时候有可以喘息的空间，妈妈睡不好的时候会发脾气、急躁……**

榜样的力量是无穷的，所谓有样学样，当你可以心平气和地向孩子表达你的"情绪地雷"时，孩子也会慢慢地学会如何表达自己的"情绪地雷"，比如孩子会对你说："妈妈，我不喜欢你不敲门就进我的房间。"

在沟通中，你越坦诚，就越能赢得他人的尊重与喜爱。

小练习

　　写下自己的"地雷信"：你在什么情况下容易发脾气？比如工作被打扰的时候、孩子早上不起床的时候，又比如孩子不吃饭、没有收拾玩具、怎么喊都不听的时候。将它们记录在下方，寻找机会把你的"地雷信"发送给孩子。

_____

_____

_____

第 四 章

万能沟通模型，助力孩子开启与
父母亲近、合作的模式

第一节　越说孩子越逆反？
觉察语言，缓和关系——破除标签法

爱插话的浩浩

我经常会到学校做讲座。有一次，我在学校做讲座，遇到了一个男孩——浩浩。浩浩年纪不大，也就 7 岁左右。当时，他与妈妈坐在前排。我不解的是，每当我在台上讲话时，他就会在台下插话，结果，他这一行为惹得周围人一直盯着他们母子俩看。众目睽睽之下，他妈妈脸上开始挂不住了，于是小声地骂这个孩子："你嘴怎么这么欠？"但是让妈妈失望的是，骂了孩子后，他依然是我行我素，我在台上一讲话，他就会插话。

中场休息的时候，这位妈妈带着孩子来找我，一脸怨气地向我诉苦："你看我这个孩子，嘴欠，怎么这么讨人厌呀！"妈妈刚说完这句话，孩子马上接了一句话："反正妈妈你说我嘴欠，说我讨人厌，我就这样，我就这样！"

如果问一下父母们：在育儿时，最让人头大的问题是什么？相信很多父母会说是孩子不听话。比如，父母让他好好学习，可是他偏不学；让他向东，他偏向西。孩子如此叛逆，很多父母都认为是孩子的问题，比如是他不懂事。这真的是孩子的问题吗？会不会与

亲子沟通方式有关呢？

其实，真正的问题在于上述案例里的那位妈妈不知道如何与孩子沟通交流。对孩子再好，说出来的话还是一而再、再而三地伤了孩子的心。沟通中的无形的刀也能伤人，这把伤人的刀叫什么呢？叫作**负面标签**。

一、区分行为和标签

我们来看看什么叫作负面标签。首先来了解两个概念：行为和标签。行为是什么呢？行为就是**孩子说了什么、做了什么**。比如，孩子写了 10 个字，这就叫行为。

什么叫标签呢？标签就是**给这个行为定性了**，加上了自己的看法和评判。不同的人给同一个行为的定性是不一样的，所以标签往往是一个人非常主观的看法。比如"孩子写字太不认真了"，"不认真"就是对孩子写字行为的定性，也就是标签。

有的父母说："我家那个孩子起床总是磨磨蹭蹭。""磨磨蹭蹭"就是对孩子起床行为的定性，也是一个负面标签。生活中，父母还可能不知不觉给孩子贴上以下负面标签。

"我们家孩子脾气太坏了"——脾气坏。

"我们家孩子写作业太不自觉了"——不自觉。

"你怎么那么不懂事！"——不懂事。

行为和标签还有一个更加简单的区分方法：能够用照相机拍下

来的，能够用录音机录下来的，就是行为；而看到了这些行为，听到了这些话以后，对孩子产生的判断和看法，就叫标签。

比如，有人觉得孩子笨、懒、不负责任、浮躁、撒谎、不合群、胆小、脾气暴躁、不爱说话、不爱学习、情商低、没礼貌、拖拉、邋遢、不上进、不虚心……这一大堆能够用照相机拍下来吗？拍不下来。这些都是我们的判断和看法，都叫作负面标签。

二、负面标签的三大危害

负面标签是非常伤人的一把刀，对孩子的成长危害非常大。如果父母经常用负面标签，这些标签就有可能成为孩子身上的烙印，让他们终身都无法摆脱。下面具体来说一说负面标签的三大危害。

危害一：放大父母的焦虑。

很多父母发现，当对孩子说"你这个孩子怎么这么磨蹭啊"时，自己的焦虑感立刻上升了。孩子听到这句话，也特别容易产生对抗的情绪。因为没有任何一个人愿意给自己的身上贴上一个糟糕的标签。

人一旦焦虑，理性水平就会直线下降。也许情绪比较好的时候，我们是善于解决问题的；但是一烦躁、一焦虑，我们就会陷入问题而难以自拔。因为焦虑本来就会消耗我们大量的心理能量，导致我们没有办法顺畅地思考，以及和孩子沟通。

危害二：引发孩子的攻击和对抗。

假如父母说："你怎么这么不上进啊！"孩子有可能会回应："我怎么不上进了？"

再比如：

"你怎么这么懒？""你才懒呢。"

"你怎么这么不认真？""我怎么不认真了！"

"你这孩子怎么不讲理啊？""我怎么不讲理了？你才不讲理呢！"

当有人给我们贴上负面标签的时候，我们会有什么感觉呢？我们可能会忍不住开始生气。一个负面标签，就能引爆我们内心所有的委屈。

危害三：降低孩子的自我价值感。

我们经常会发现：越批评孩子磨蹭，他可能就越磨蹭；越批评他不听话，他可能就越不听话。比如，前面提到的孩子浩浩，他妈妈就经常说他手欠嘴也欠、没教养，结果孩子真的越来越向这个方向发展了。这就是心理学上提到的"预言成真"。

当你不断给孩子贴负面标签，孩子就会慢慢被你"催眠"，让你"心想事成"。孩子心里会想："既然爸爸妈妈都这么说我了，那么我一定就是这样的孩子！"他的内在的自我价值感也会持续下降。

比如，如果父母经常说**"你怎么这么笨"**，孩子心里可能会想：我既然这么笨，那再怎么努力又有什么用呢？我不需要努力。如果总是被埋怨**"你怎么那么磨蹭"**，孩子心里可能会想：我既然这么磨蹭，做事情就是这么慢，我就不需要变快了。越给孩子贴负面标签，孩子反而越容易变成那个样子，很难改变和矫正。

既然负面标签有这样的危害，那么父母该怎么说呢？下一节，花卷妈来分享如何撕掉负面标签，让孩子听得进、肯配合。

小 练 习

回想一下，你是否给孩子贴过负面标签呢？如果有，可以把它记录下来。把你的答案写在下面的横线上。

_____

_____

_____

第二节 **孩子负面情绪大？**
一句话说到孩子心坎儿里——客观描述法

在上一节中，我们认识了负面标签给孩子带来的危害。

花卷妈收集了一些负面标签：自私、磨蹭、胆小、不懂事、懒、小气、和手机最亲、犟、调皮、不上进、不自觉、不老实……

孩子如果被贴了过多的负面标签，他的自信心、自我价值感一定是会受到影响的。通过前面的学习，我们已经了解负面标签会让我们焦虑，会让孩子产生对抗情绪，会降低孩子的自我价值感。既然负面标签有这么多危害，我们应该怎么沟通才对孩子更有帮助？

接下来，我们就来学习一种非常重要的沟通方法——**客观描述法**。什么是客观描述法？就是把我们看到的、听到的描述出来，不加入个人观点和评判。比如，"孩子写字用了 50 分钟"，这句话就是客观描述，因为孩子写字确实用了 50 分钟，这是事实。

比如，"孩子在大声地说话"，这句话也是客观描述。但是如果在这个事实的基础上加上个人看法，如："你这个孩子怎么那么没有礼貌！"这就不是客观描述，就会激发孩子的对抗。所以第一步，我们要学会用事实和孩子沟通。

比如，"孩子坐在桌子边，用手抓东西吃"，这句话没有任何伤害性和攻击性，它就是一个事实。但是如果在"用手抓东西吃"

的基础上加上个人看法："你怎么那么邋遢啊！"这句话就变成了贴负面标签。

比如，**"孩子起晚了，没赶上校车"**，这句话也是客观描述。但如果在孩子"没赶上校车"这个事实的基础上加上个人看法："你怎么那么拖拉啊！"这句话就变成了贴负面标签。

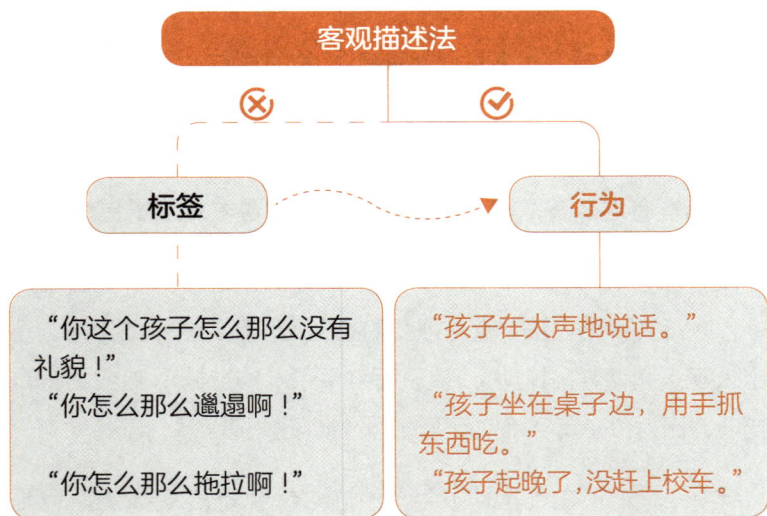

总结一下，客观描述法就是把你看到的、听到的说出来，不添油加醋，不加个人看法。看到这里，有些父母不免会觉得："累不累啊？说个话还那么费劲！"确实，说个话还需要想半天，还得组织语言，多累呀！但是如果我们和孩子沟通时，总是缺乏思考，习惯性地脱口而出，给孩子贴标签，就很可能让亲子关系变得糟糕。

结果，孩子不高兴，你的目的也没有达到，双方都陷入负面情绪里，彼此消耗。

父母没有客观描述事实，而是给孩子贴标签，会让孩子愤怒，会让孩子忘记此刻大家在谈什么，只顾着和父母讨论标签的事情。标签背后是什么呢？是孩子的担心：**"妈妈你还爱我吗？妈妈是不是不爱我了？"** 很多时候我们和孩子谈的其实是"你穿衣服能不能快一点""你做作业能不能快一点"，但是说出来的话往往是在给孩子贴标签，会让孩子产生恐慌。

因此，为了维持和孩子的良好关系，我们要客观描述事实，而不是给孩子贴标签，制造纷争、制造冲突。

小练习

　　尝试把你上节记录下来的负面标签转化为客观描述。比如"孩子没礼貌"，转化为客观描述可能是"孩子看到叔叔时没有说话"。请把你的答案写在下面的横线上。

_____

_____

_____

第三节　一言不合就吵起来？
从说"你"到说"我"，让沟通无障碍——
"我句式"法

> **脾气说来就来的玲玲**

　　自从女儿玲玲在家里上网课，我觉得自己快要崩溃了。每天我早早起来做好早饭，叫她起床洗漱。上课前，我总是提醒她，要认真听课，不要开小差或者玩游戏。孩子倒是没玩游戏，可是昨天下午上课时，她竟然趴在桌子上睡着了。老师给我打电话，批评我："你这个当妈妈的怎么监管的？怎么管孩子这么不用心呢？"

　　今天，玲玲没在上网课时睡觉，可是有10分钟的时间，老师看不到她在做什么。我问她："那10分钟的时间你在做什么呢？"她理直气壮地说："在听课，老师没看到是他的问题，跟我没关系！"

　　听她这样说，我觉得她在狡辩，于是就有些着急了："老师没看到，但是我知道！上课时间玩手机，还撒谎，你是越来越不像话了！"见我不信任她，孩子丢下一句"爱信不信，不信拉倒"，就回了自己的房间，然后关上了门。我越想心里的火气就越大："这孩子欠打吧！我是不是狠狠地打她一次，她就尊重我这个当妈妈的了？"

你发现上面案例中的问题了吗？孩子为什么情绪那么大？是因为这个妈妈一直用的是"你句式"。生活中的"你句式"有很多，比如："你怎么这么啰唆！""你不诚实！""你也太可笑了吧！""你怎么这个样子！"……

上一节，我们说了要将话语中的负面标签改为客观描述。这一节，我们要学习沟通当中的另一个技巧——使用"我句式"。这看起来同"你句式"只有一个字的差别，却会使亲子沟通的效果大为不同。我们先来看看"你句式"对孩子的两大影响。

"你句式"的影响之一：让孩子感觉被指责。

大家可以体会一下：如果被家人用食指指着，而且对方只说一个字"你"，是不是就感觉自己好像受到了指责？其实对方什么实质性的话都没有说，但是仅仅这样一个"你"字，就会让人感觉不舒服，甚至想反击。

"你句式"的影响之二：让孩子感受不到善意。

"你句式"常常会让对方感受不到善意。最关键的是，如果我们本来就有点焦虑和着急，在和孩子的对话当中又多次使用"你句式"，这场沟通往往会失败，最后不欢而散。

怎么调整我们的语言模式呢？如果不用"你句式"，我们可以用"我句式"。"我句式"就是用"我"字打头，后面加上事实，而不是贴负面标签。比如说，孩子写作业慢，那么"你句式"的表达是什么呢？**"你怎么那么慢啊！你怎么那么磨蹭啊！你到底想几点写完！"** 这话一出口，孩子就不爱听。那么使用"我句式"应该怎么表达呢？这里，花卷妈分享一个"我句式"法，即"我看到 + 我感受 + 我感谢"。

我看到 + 我感受 + 我感谢

1. 我看到

首先，描述我们所看到的孩子具体的行为。比如，妈妈看见孩子写字，用"我句式"可以这么说：**"我看到你写作业，用了 50 分钟。"** 这句话当中是没有指责的味道的，而且这句话表述的是妈妈看到的事实，通常情况下孩子是不会产生对抗情绪的。这么说话也容易赢得孩子的信任。孩子写了 50 分钟作业，这样讲没有夸大，也没有掩盖什么，而是实事求是地指出了具体的时间，多少分钟就是多少分钟。事实，是最有说服力的。

① 沟通的目的是赢得孩子的信任
② 用"我"代替"你"，是一种视角的转换

2. 我感受

描述完孩子的具体行为，我们可以表达我们的感受。比如，**"我看到你写作业，用了 50 分钟。我真的有点着急了。"** 再比如，我们走进孩子的书房，看到散落的文具，可以这样说：**"宝贝，我**

看到桌子上，这里有两本书，那边有三支笔，本子则在地上。"说完这句话，看着孩子，把后面滔滔不绝的评判憋回去。为什么？一评判，指责、贴标签就又开始了。有妈妈告诉我，她真的这样按照"我句式"实践了，结果孩子二话没说，马上收拾桌子了。可能有的父母看到这里会说："我孩子根本不听！他才不会去收拾呢！"我们可以先试一试，当我们不再指责，再给孩子一点空间，让他练习一段时间，孩子的对抗会减少，我们的沟通也会变得顺畅。

又如，我们看到孩子玩手机，玩了两个多小时都停不下来，用"我句式"可以怎么说呢？我们可以来到孩子的身边，看着孩子的眼睛——注意看着孩子的眼睛这一步很重要。很多父母和孩子说的话属于"隔空喊话"，一边打扫卫生一边给孩子下命令，一边做饭一边给孩子提要求，孩子当然不爱听。因此，我们要放下手里的东西，走到孩子面前，看着孩子的眼睛对孩子说："我们约好的玩到三点钟，时间到啦。"声音不要大，情绪要稳定，清晰地给孩子提要求。孩子可能会说："等一下，我马上就玩完了。"这时我们就说："好，我在旁边等你。"

> ① 表达父母自己的感受，是为了避免"标签化孩子"
> ② 看着孩子的眼睛说

3. 我感谢

如果我们没有任何指责，但是非常明确地表明了态度，孩子可能不开心，但是他还是会按你说的做。这个时候我们可以表达感谢："**我要谢谢你，因为你遵守了约定。**"

> **表达感谢是为了强化孩子的正确行为**

使用"我句式"时，说的都是我们看到的事实和我们的感受，大部分情况下，"我句式"是不会让对方感觉自己受到攻击的。所以"我句式"和"你句式"最根本的区别，不是以哪个字开头，而是"你句式"充满了指责的味道，"我句式"则是友好的、理智的。

小练习

请把以下这句"你句式"的话改成"我句式"的话："你怎么还不起床穿衣服？你不知道妈妈会着急吗？"

_____

_____

_____

通过前边的介绍，我们知道了什么是贴标签，学习了客观描述法、"我句式"法，下面花卷妈分享**万能沟通模型**，在多数场景下大家都可以套用这样的表达方式。

说事实 + 说感受 + 说感谢 / 影响 / 方法

无论是前边我们学习的客观描述法、"我句式"法，还是第四节的有效赞美法、第五节的三合一批评法，都可看作是万能沟通模型的"变身"。这些方法都是以叙述客观事实为基础，先共情、接纳情绪，然后再表达意见或者解决问题。当你学会使用万能沟通模型之后，你会发现不仅可以用它解决亲子沟通问题，还可以解决工作中的沟通问题。

第四节　表扬孩子有技巧？
表扬到点子上，激发孩子的动力——有效赞美法

> **只会批评、不会表扬孩子的土豆爸**

　　我带儿子土豆在广场上玩的时候，听到一个爸爸骂他儿子："你这个小笨蛋，天天就知道惹是生非，气死我了！"我以为这个孩子会老老实实地听着，没想到孩子竟然冲他爸爸叫喊道："哼，我是小笨蛋，那你就是大笨蛋！"

　　看那孩子不服气的样子，我想起了昨天晚上的事。昨天晚上，土豆写作业，有一道难题他不会做。土豆爸发现后，劈头盖脸地骂他："我那么聪明，咋生了你这么笨的儿子？这么简单的题目都不会做。"土豆不服气地反驳道："这道题简单？我笨？你来做啊！"

　　土豆爸听了儿子说的话，更加生气，于是骂他："要我来做作业？那你还上什么学！唉，要知道你这么笨，还不听话，你一出生就把你扔掉算了！"土豆愣了一会儿，然后就带着哭腔吼道："你现在把我扔掉也不晚。来啊！动手啊！"

　　晚上我和土豆沟通，土豆委屈地说："在爸爸眼里，我什么优点都没有，全是缺点。我讨厌爸爸！"记得土豆小时候，土豆爸还会夸夸他，随着孩子长大，确实夸得越来越少了。唉！

很多父母可能觉得，随着年龄的不断增长，孩子学会了与父母顶嘴，不服父母的管教，也不会控制自己的情绪。孩子之所以有如此大的改变，很多时候是因为在父母情绪的影响下，孩子很难理智地思考。

一、别忽视孩子的本能反应
（1）战斗模式。

什么是本能反应呢？本能反应就是个体受到外界刺激产生的趋利避害的反应。

通常，当我们感到恐惧的时候，会本能地做出**战斗**或**逃跑**的反应。比如，当你看到有人想打你一拳，正常情况下，你就会以最快的速度反击一拳或者躲闪。而能够如此快速地进行反击，是因为大脑中存在这样的由神经控制的反应回路。

一个人的本能反应启动后，要么会开启战斗模式——顶嘴、发脾气，要么开启逃跑模式——逃避，进入"冰冻"状态。

有很多父母问我：孩子作业写得不好，还没骂他几句，他眼神就发直，整个人呆呆的，这是为什么呢？因为不断地吼孩子、骂孩子，容易使孩子本能地产生逃避反应，所以孩子会发愣。此时，孩子就很难理智地思考和解决问题了。

（2）对抗模式。

也有父母不解地说："我没对孩子说什么，他就跟我吼！"孩子之所以急，是因为他的情绪与大脑的联结是可以形成固定的反应回路的。比如，父母天天唠叨孩子："不要磨蹭了！马上去洗澡！"时间长了，孩子就会讨厌父母。即使有一天，父母本来没想唠叨他，只是看到他坐在客厅里玩，开口叫了他一声，孩子就会立马不耐烦："好了好了，不就是让我不要磨蹭了吗？烦死了！"

或许，很多父母会觉得委屈："我说啥了呀！我明明没说什么，为什么他会冲我大声嚷嚷呢？"事实上，父母之前的唠叨让孩子的大脑产生了对父母表情、语言等的固定的反应回路。所以，此时父母根本不需要开口说什么，孩子就自动启动对抗模式了。

（3）理性思考。

大脑能够让我们进行理性的思考，同时还能够帮助我们完成目标、实现计划、解决问题。不过，当一个人有很多负面情绪的时候，在本能和情绪的左右下，理智往往无法正常运转，就像被"封印"了。所以，我们要想让孩子理智，就要让孩子有稳定的情绪。

二、赞美的本质是告诉孩子"我看见你了"

在与孩子沟通时，我们如何让孩子的情绪保持稳定，如何让孩子对我们产生好感呢？其实就是两个字：赞美。**人这一辈子追求的就是被看见，赞美的本质就是告诉孩子"我看见你了"**。具体怎么"看见"孩子呢？使用**"有效赞美法"**，可以让孩子对我们产生好感。

这里花卷妈想特别强调的是，表扬孩子可不是一件容易的事！表扬不到位，反而会让亲子关系更加尴尬。经常有孩子来找我说：**"阿姨，我爸妈特虚伪，明明我感受不到他们的真诚，但是他们还是使劲地夸来夸去。"** 也有很多父母愁眉苦脸地来找我说：**"花卷妈，我们都知道表扬孩子很重要。但是我们除了说他'好棒'，真的没词了。"**

有效赞美法

说事实 + 说感受 + 说影响

什么是有效赞美法呢？就是说事实 + 说感受 + 说影响。也就是说，我们用有效赞美法与孩子沟通，就是要如实地描述孩子的某种行为对我们产生了哪些影响，我们有什么样的感受。花卷妈提醒大家，赞美需要发现并指出孩子的独特行为。

比如，孩子给妈妈倒了一杯水，妈妈要怎么用"说事实 + 说感受 + 说影响"的形式进行表达呢？一般来说，可以先说事实，再说影响与感受。

事实——宝贝给我倒了一杯水。

感受——喝了这杯水，我感觉好舒服。

影响——妈妈现在正好口渴，宝贝给了我一杯水，帮我解了"燃眉之急"。

再比如，孩子帮妈妈拎菜，妈妈可以按照以下思路来表达。

事实——孩子，你帮妈妈拎了菜。

感受——我感觉**好轻松**。

影响——我今天感觉有些累，正好希望有人帮忙，你帮了我的大忙。

三、表扬孩子的两大原则

多用有效赞美法沟通，能够促进亲子关系，加深感情，同时又不会启动孩子的本能脑与情绪脑。花卷妈提醒大家，表扬孩子要注意**两大原则**。

原则一：实事求是地夸。

如果明明孩子做得不怎么样，父母却非要夸奖，孩子很可能会觉得父母虚伪，感觉自己被"套路"了。而且孩子还会担心周围的人嘲笑自己："我的天啊！你都做得那么差了，居然还有人表扬你！"所以夸奖需要实事求是。

原则二：夸具体细节。

以上文列举的孩子帮妈妈拎菜的事为例，夸奖孩子时，最好说出孩子具体做了什么、怎么做的、带给父母什么样的感受，这样才能让孩子感受到真诚。

所以，在日常生活中，我们要多加练习与运用有效赞美法。只要我们多多运用，而且运用得当，相信时间长了，我们的沟通方式就会让孩子感觉开心和愉快，就会让孩子对我们产生好感，从而让我们与孩子的关系越来越亲密。

下一节，我们来说一说，如何批评孩子，既不会伤害孩子的自尊心，又能让孩子认识到自己的错误。

小练习

孩子今天帮你收拾了碗筷，你会如何肯定孩子呢？用有效赞美法试一试。

_____

_____

_____

第五节　孩子犯了错不敢承认？
关注解决问题——三合一批评法

不爱亲近妈妈的颖颖

我家女儿颖颖活泼好动，虽然也喜欢我，但是她与我的关系不如与她爸亲，这可能与我总是批评她、管教她比较严格有关系。花卷妈，孩子犯了错误，难道我们不该批评吗？空洞的表扬也没什么用啊。可是，实际生活中，好像只有表扬才会让人感觉到舒服，似乎批评就意味着父母是恶人，是不好的。到底该怎么批评孩子呢？

批评的目的：让孩子进步。

孩子的成长过程中不能只有表扬，有时候有价值的批评能让人进步。首先我们来看一看到底什么是批评。批评是情绪的表达吗？批评是指责吗？实际上，批评之后，我们肯定会对孩子的行为有要求，所以**批评的目的是帮助孩子提高和进步**，而不是单纯地指责孩子或表达愤怒，我们希望通过批评这种沟通方式帮助孩子改变现在的状态。

很多父母可能会遇到这样的情况：态度比较温和地批评孩子，他确实会听，但之后还是不改。也有父母可能会觉得，就得严厉批评孩子，一定要让他意识到问题的严重性，只有这样他才会有改变。严厉的批评刚开始可能会有一些效果，但效果不持久。父母如果继续严厉批评孩子，发展到最后很可能是孩子完全不听，或者强硬对抗。

为什么有些孩子遇到批评就承受不了？为什么有些孩子会做出极端的行为呢？心理学将人们承受批评的能力称为心理弹簧。有了较强的承受批评能力，受到压力时，就会像弹簧一样将其反弹回来，而不会被直接压垮。

心理学上还有一个词叫"逆商"，它是指人们面对逆境时的反应能力。有两个重要的因素会影响逆商。熟悉这两个重要因素，能帮我们避免"掉进批评的坑"。

一、影响逆商的因素
因素一：归因。

第一个因素叫归因。举个例子，老人带孩子的时候，孩子摔倒了，有些老人会说：**"都是椅子的错，都怪椅子让宝宝摔倒了，打它！"** 久而久之，孩子一出现问题，就容易推卸责任。为什么孩子会摔倒？因为他跑得太快了，这才是真正的原因。

那么在什么情况下，孩子会习惯性地在遇到问题的时候，把原因、责任揽在自己身上，却又不改正呢？**就是孩子一做错事情，家长立马要孩子认错："你到底有没有错？！"**

每一次家长问"你知道错没有"，孩子都会说："我知道错了，对不起。"可是孩子还是会重复不断地犯错。这说明什么？说明我们让孩子认错了，但事实上导致错误的原因根本就没有解决，孩子始终不知道为什么会犯这个错误。孩子只是习惯性地觉得："我认错了，问题就解决了。"

因素二：延伸。

第二个因素叫延伸。大家可能会发现，有一些人遇到一点点小事情就崩溃了："怎么办？完了完了！"举个例子，我在线下咨询中遇到过这样一对母女：孩子学了很长时间演讲，但是关键时刻不敢上台了。回到家里，妈妈就发飙了，骂孩子："你这么大了，小学二年级了，还要我一直帮你。你以后怎么办？"妈妈一直在"延伸"——你总是让我帮你，如果没有我，你以后怎么办？

这种延伸，会让孩子的无助升级。其实这位妈妈完全可以鼓励孩子一点点挑战演讲，可是她的做法是告诉孩子，她犯的一个错会延伸到整个后半生，给孩子制造恐惧："如果我死了怎么办？谁还来帮你？"听到妈妈说这句话，女孩伤心地哭了，内心充满了内疚感和负罪感。

父母的这种延伸，会让孩子以后面对失败的时候，将一次失败放大到"我是一个无能的人""我做不到""我一辈子就这样了""我糟糕透了"的地步。很多妈妈问我：为什么我的孩子胆小怕事，承受不了一点点批评？很可能是因为父母将孩子当下的一个错向前延伸到了过去，向后延伸到了未来，延伸到他"一生都会犯错"。

以上两个批评的"坑"，你们避开了吗？接下来，我们看看犯错的两大类型。

二、犯错的两大类型：意识不够，能力不够

孩子犯了错，父母应该批评，但是批评要有技巧。我们得首先分析一下孩子犯错的类型。我将孩子犯错误的原因分成两类。一个是**意识不够**。意识不够指的是孩子压根就没认识到这件事自己做得不对，所以犯了错误。另一个是**能力不够**。能力不够指的是，孩子犯的错是他没有达到父母的要求。

1. 意识不够

先说说意识不够。给大家分享一个案例。我有一次带孩子们去旅游，有一个孩子跟我说："你看梓华，他又自己开吃了，我们都没到齐，他就已经开动了。"

梓华犯了一个错误：在等待其他同学到齐的时候，他先开吃了，之后可能会有人不够吃。当梓华从餐厅那边慢慢走过来的时候，我见他的脸上带着微笑，他并不认为这是一个错误。这就是典型的孩子并不认为自己不对的情况，这时我们需要帮助孩子看到他这么做的后果。

我问所有的孩子："如果人都没到齐，菜就被先吃了，会导致什么结果呢？"有的孩子说："有人会不够吃。"还有的孩子说："等其他孩子按约定时间到了餐桌，吃的就是剩菜。"这时候梓华说，他在家吃饭

的时候，家里的老人、阿姨、爸爸妈妈都会把他喜欢吃的往他面前推，他每次都是先吃的，他并不觉得自己不等大家有什么不妥。

原来如此！6岁的梓华脑海里的固有思维是**吃饭是不需要等任何人的**："**所有的饭菜都会被堆到我的面前，我先吃才是正常的。**"于是当他外出的时候，他也觉得每个人都应该把饭放到他的面前，他应该先吃。他不知道家和外面是不同的。所以，实际上是大人的不当行为导致了孩子完全不知道这些行为是错误的。

2. 能力不够

孩子犯错的第二个类型，叫作能力不够。比如，孩子专心做了近一个小时的作业，还只是写完了一点点。这种时候，我们先不要着急，因为孩子可能也想把事情迅速做完，但是他遇到了困难。人在做自己不擅长的事情的时候，都会无意识地拖延，更何况是小学阶段的孩子。

所以当我们发现孩子这样时，要确认孩子完成手中的任务是不是存在困难。如果是，父母需要提供及时的帮助。在要求孩子做事之前，父母需要和孩子讲清楚为什么要这样做，做不到的时候应该怎么办。

三、三合一批评法

这里花卷妈分享给大家**三合一批评法**。

比如，孩子考试没考好，不敢让父母在卷子上签字，于是自己冒充父母签字后交给了老师。当父母知道这一情况后，要怎么批评孩子，才会让他更容易接受呢？

第一步，说具体行为 + 确认信息一致。

"听你们老师说，你的卷子上有'家长'的签字。"——具体行为。

"你能跟我说说发生了什么吗？"——确认信息一致。

这句话的目的是给孩子尊重，也给孩子一些空间，听听孩子针对这件事的真实想法，同时确认我们得到的信息和孩子的说法是否一致。

第二步，说出孩子的感受。

"你这次没有考好，你害怕让爸爸妈妈知道，对吗？我相信你不是有意想骗我们的。你其实也想考个好成绩，你对自己有很高的要求，你希望自己成为更好的自己。" 花卷妈要特别提醒的是，说出孩子的感受以后，如果孩子意识到了自己的问题，就不应该继续批评他了，应该做的是引导他解决问题。

第三步，引导孩子解决问题。

"我相信你可以找到别的方法，来让你的成绩变得更好。我们来想一想，你都试了哪些方法？还有什么方法呢？" 这一步要做的是引导孩子主动解决这个问题。

以上是三合一批评法及其具体运用的案例。这个方法之所以在沟通中特别给力，是因为它最终聚焦到问题的解决方案上。

花卷妈要特别提醒父母的是，很多时候，孩子犯了错误，大人们会这么说：

"你怎么能这样呢？"

"你看我怎么'修理'你！以后一定不能这样做了！"

我们把很多的精力放在了批评、责备孩子上，而并没有让他知道自己行为的后果。我们把重点放在了孩子一定要说对不起、一定要写检查上，可如果他都没有意识到自己的行为会给周围的人带来多大的影响，道一百次歉、写一百份检查又有什么用？那只是给父母的安慰剂。

下一节，我们来说说孩子爱撒谎怎么办。我们将学习识别 4 类撒谎行为，培养坦诚、守信的孩子。

小练习

孩子没有经过允许就拿走了小伙伴的文具。这时候你可以怎么说？把你的答案写在下面的横线上。

_____

_____

_____

第六节 孩子爱撒谎？
识别4类撒谎行为，培养诚实孩子——两步核实法

爱撒谎的冬冬

最近，我发现儿子冬冬有一个毛病，那就是爱撒谎。昨天，我在厨房做饭，做好了，就让他把馒头拿到饭桌上。结果，他不小心将一个馒头掉在地上。我说了他两句，他竟然说是小狗弄掉的！

晚上，爷爷带他去小区广场，他非要拿爷爷手机玩，结果不小心给弄丢了，害得爷爷四处找手机。幸亏捡到手机的人非常好，一直站在孩子丢手机的地方等着。回家后，儿子爸爸数落他："平时告诉你做事不要粗心大意，你就是不听，怎么样？出去玩一会儿竟然把手机丢了！你以后还能做什么了！"孩子听了爸爸的话，竟然一边抹眼泪，一边委屈地吼道："不是我弄丢的！是爷爷自己不小心弄丢的！"儿子爸爸与我异口同声地说："丢了手机，你还有理呢？你还撒谎！"

冬冬为什么这么爱撒谎呢？应该如何教育他呢？打不行，骂也不行；说轻了不行，说重了也不行。要做好父母，真的是太难了！

父母为什么都那么不喜欢孩子撒谎？因为撒谎有一个最大的害处，就是会破坏父母内心的安全感。孩子口中不真实的信息会让父母觉得特别不安。对此，花卷妈首先想分享的就是，生活中几乎人人都会撒谎。

比如人们常说："我很好啊！我今天很开心！"其实说话的人并不一定开心。看到微信响了，不想回，就干脆当作没看见，很久以后才慢悠悠回复一句："不好意思，手机刚才没在身边。"这也是很多人的常见行为。所以说假话实际上是我们每一个人日常生活的一种常态。

那么，对于孩子撒谎这件事儿，父母到底应该怎么看呢？如果我们能够把撒谎的类型和根源搞清楚，就能够帮助孩子改变了。

下面，花卷妈就先来分析撒谎的类型，再分享两步核实法。

一、区分 4 类撒谎
类别一：想象型撒谎。

第一类撒谎叫作**想象型撒谎**，严格来说这其实不能叫撒谎。想象型撒谎指的是，孩子年龄比较小，尤其是不到 4 岁的孩子，分不清楚现实和想象，所以会把自己想的当成真的。比如，一个妈妈曾经告诉我，说孩子声称看见幼儿园教室进来了一条很大、很粗的蛇，就盘旋在教室的柱子上。妈妈当时就想：孩子怎么撒谎呢？

后来这位妈妈找幼儿园老师问了一下，老师说可能是周一绘本课讲到了蛇，小女孩被绘本中的蛇深深地冲击到了，仿佛自己看到了这条蛇，而且留下了深刻的印象。所以回到家之后，女孩期望能跟妈妈分享她的感受。这个时候她其实根本不是在撒谎，她只是在表达："妈妈，我今天看到绘本里有很大一条蛇！"因此，出现这种情况，我们根本不用着急，因为这是这个年龄段孩子的一个正常表现。

类别二：恐惧型撒谎。

这类撒谎可以说是被父母的坏脾气吓出来的。孩子还没有开口，就知道自己如果说真话，父母的脾气会比他闯的祸还可怕。所以，为了自我保护，他就想用一个谎言先把眼前应付过去再说。

类别三：诱导型撒谎。

诱导型撒谎是什么意思呢？有的父母经常和孩子谈条件、做交易，比如对孩子说：**"你在10分钟内把作业写完了，我就给你买个雪糕。"** 结果，孩子随便糊弄了一下就跑来要好处。这时父母会说："你肯定没写完！你是不是撒谎啊！"孩子撒的这种谎就是在大人的诱导之下发生的，属于诱导型撒谎。

类别四：求关注型撒谎。

求关注型撒谎指的是孩子为了吸引父母的关注而撒谎。这种情况其实非常常见。比如说父母陪伴孩子的时间太少了，孩子就假装自己什么都不会，这个也不会，那个也不会，都需要你帮他，因为他觉得这样就能够得到父母的陪伴。

二、两步核实法

我们已经认识了孩子撒谎的 4 种情况，那么我们该如何解决孩子撒谎的问题呢？首先大家一定要清楚，孩子撒谎这件事本身没有关系，问题在于父母对撒谎的问题十分恐惧。为什么呢？会不会是为人父母的我们有这样的记忆：撒谎是罪大恶极的事情？

另外，孩子撒谎是有原因的。父母自己也会撒谎，也许是因为恐惧，也许是出于善意，孩子会有样学样。我有一个青春期的来访者，他说他经常对父母撒谎。我问他为什么这么做，他说：**"我不得不撒谎，因为父母想要听这些。"** 这里他其实和父母交换了角色，他变成了"父母"，来安抚他的"这两个孩子"。

我们回到前面的问题：孩子撒谎怎么办？我们分年龄，结合案例来看。

6 岁以上的孩子撒谎：核实事实。

如果发现 6 岁以上的孩子撒谎，我们只需要和孩子**核实事实**。怎么核实呢？可以这样说：

"孩子，你刚才说的事实，和我了解到的事实是有出入的，我们要不要来讨论一下？" 甚至"撒谎"两个字都不需要说，我们只需要说：**"我看到的事实和你看到的事实不一样，我很好奇你那边发生了什么？"** 切记，不要死死抓住孩子撒谎这一点不放。有些父母发现孩子撒谎，会激动地说："你看你撒谎了吧！"为什么他们会这么兴奋呢？很可能是因为他们小时候也被父母抓到过撒谎。

6 岁及以下的孩子撒谎：强调真实信息。

6 岁及以下的孩子撒谎时，我们要向孩子**强调真实的信息**。比如有人问我们的孩子："你爸爸是谁呀？"孩子说："我爸爸是'擎天柱'！"这个时候我们不能较真地说："哎，你这个孩子怎么撒谎啊？你爸爸怎么就是'擎天柱'了？"而只需要对孩子说：**"你觉得爸爸就像'擎天柱'一样厉害，那等爸爸下班回来了以后，我们一起假装变成变形金刚！"**这样，孩子就能把真实的情况和自己的想象分清了。

小练习

判断一下，以下哪几句是谎言？孩子这么说属于哪种撒谎类型？把你的答案写在下面的横线上。

1. 我爸爸是警察，把你抓走关起来！

2. 碗不是我打碎的，是风太大了，风把碗打碎的。

3. 妈妈，我生病了，我肚子疼，我不能上学了。

_____

_____

_____

第七节 **孩子畏难不敢尝试？**
**激发勇气，让孩子敢于尝试——破除
纠结三步法**

有"选择恐惧症"的米多

　　我家米多9岁了，特别容易纠结。前些天我带米多去超市买东西，她在玩具区一待就是半小时，我实在忍不住了："你挑好了没有啊？就那两个玩具，你都选了快半个钟头了，怎么还没选好！"米多左手拿着一个玩具小火车，右手拿着一个小飞机，一脸窘迫，小声说："我不知道要哪个好！""买那个小飞机就行啦！"我看了看手腕上的表，更加不耐烦了。米多恋恋不舍地将手中的小火车放下，抱着小飞机一步三回头地走了。我很好奇这是怎么回事，我孩子是不是有选择恐惧症啊？挑个玩具都这么犹犹豫豫的！

　　不仅如此，米多和小朋友玩的时候也是唯唯诺诺的，不敢做选择。她在跟小朋友一起玩的时候总是跟随者，别人说什么她听什么，从不会自己做主。其他事情上也是这样，比如她很爱画画，可有时在选颜色时，她会问我用什么颜色。我说："你自己决定吧，你想用什么色就用什么色。"她却说："你说我用什么色我就用什么色。"如果我坚持不说，米多就会可怜巴巴地望着我，或者干脆不画了。

　　有一次，米多画的斑马有两条尾巴，她妈妈问她为什么，她说因为她的好朋友就是这样画的，所以她也要这样。她妈妈告诉她这样画不对，做事情时必须有自己的想法才行，可她还是坚持说要跟好朋友一样。花卷妈，我家孩子为什么那么没有主心骨呢？

一、为什么有的人容易纠结

有些孩子面临多种选择时，犹犹豫豫，迟迟做不出最后的决定，有时甚至害怕选择会带来不良的后果，干脆放弃选择，不做任何决定。不仅仅是孩子，很多成年人也是如此：要不要给孩子报兴趣班？让孩子上公立学校还是私立学校？要不要二胎？辞职还是工作？要不要给孩子看手机？到底对孩子宽容一点还是严格一点？……一个人迟迟做不了决定，经常纠结，往往有两大心理原因。

1. 选什么都是错，不选最安全

对于孩子来说，不敢做决定，往往是因为他觉得自己从小到大**选什么都是错**。比如，小时候遇到一件事情，他自己做了决定后，结果不如预期，父母就奚落孩子说："不听老人言，吃亏在眼前！""哼！谁让你当初不听话！非要按照自己的来！"于是孩子会感觉：做决定太可怕了，一旦选错了，就会被讽刺和嘲笑，还是不做决定比较安全。

2. 承受不了不确定性

有些人纠结则是因为承受不了"不确定性"：选了 A，害怕失去 B；选了 B，担心失去 A。所以他们左右摇摆、举棋不定，幻想有个两全其美的选择。在幻想和迟疑中，他们不但什么都没选，还陷入了内耗。

花卷妈在这里需要和大家说，生活中，我们无时无刻不在做选择，小到今天穿什么衣服，中午饭吃什么，回到家是先做作业还是先玩；大到选择就读哪所学校，从事什么职业，与谁结为伴侣，用何种方式过一生……做选择是一个孩子乃至一个人一生的功课。

只有敢于做选择的人，才会获得真正的成长，因为做选择意味着要承担责任。在不断做选择的过程中，承担的责任越多，对自己的掌控感就会越强，人也会越来越自信，越来越敢于做决定。

二、破除纠结三步法

那么具体如何鼓励孩子勇敢做选择呢？花卷妈分享给大家**破除纠结三步法**。

"破除纠结三步法"之一：没有完美的选择。

我们要让孩子知道，没有完美的选择。比如，你给女儿选了这所小学，她就不能读另外一所小学；你今天选择陪老大，没有陪老二，老二可能就没那么开心。

一味追求完美的选择，往往会止步不前、困在当下，一步也迈不出去。

"破除纠结三步法"之二：内耗只会伤害自己。

为什么不做选择会伤害自己呢？因为长期不做选择的孩子或成年人，往往长期处在内耗里，这样反而对自己的伤害更大。我有一个闺蜜，她一直纠结要不要辞职，纠结了 10 年。她真正伤害谁了吗？伤害了她自己。10 年来，她一直没有好好过日子，工作不开心、很憋屈，又始终没有去争取想做的工作，就没有真正开心过。

"破除纠结三步法"之三：勇敢做选择，走一步有一步。

花卷妈建议父母鼓励孩子，从一点一滴的小事情开始练习做决定，并且勇敢地承担后果。只要做了决定，就已经迈出成功的第一步了，已经往前走了一步。迈出这一步，孩子会得到新的体验，也会获得一些经验。

下面我们结合具体案例来看，在生活中如何培养孩子的主见，让孩子不再犹豫，敢于做决定。比如，妈妈和孩子一起去买文具，孩子问妈妈：**"妈妈，你看这两支笔，你觉得哪支好看，我们买哪一支！"** 这个时候很多妈妈会说："家里有一支粉色的笔了，这次买蓝色的好吗？"这就叫直接帮孩子做主。

实际上，这个时候父母需要坚定地把做决定的机会交给孩子：**"我觉得蓝色更好看，不过你自己决定。"**

为了鼓励孩子勇敢做选择，父母不要轻易给孩子建议，可以柔和地说：**"其实对我来说，哪个颜色都行，我最在意的是你的感觉。"**

如果孩子说："妈妈，如果我买了蓝色的笔，又想要绿色的笔，怎么办？"妈妈可以告诉孩子：**"我们买蓝色的笔，是因为你喜欢蓝色。如果有一天你真的又特别喜欢绿色，妈妈可以和你一起回来再买绿色的笔。"** 这不是无条件地惯孩子。孩子本身缺乏选择能力，没有对自我需求的觉察。父母这时候需要引导孩子尊重自己内心的真实感受，引导孩子问自己：

"我真正喜欢的是什么？"

"我真正想要的是什么？"

父母要让孩子不断问自己想要什么并做出选择，体会选择带来的感受。 比如，孩子选对了，感到高兴；选错了，感到失望……让孩子去体验做决定的过程，孩子以后慢慢就会选择了。

很多孩子长大成人之后，选衣服、选饰品、选发型都会考虑别人的想法。一个从小没有自我意识、没有自己做过决定的孩子，成年之后可能会走向两个极端。

极端一：顺从大众看法。

这些人选任何东西都会考虑别人会喜欢什么，别人是怎样看的，大众觉得怎样更好，**把自己的感受、自己的真实想法放在最后。**

极端二：对抗大众看法。

对抗大众看法指的是，为了跟曾经控制自己的父母对抗，而做和父母的要求相反的决定，选相反的人和事物。比如，一个女孩心里喜欢长裙，但是童年的时候她妈妈一直要求她要端庄一些，穿裙子时不准穿遮不住膝盖的，不能穿露肩膀的。她还是孩子时，在心理上没力量反抗父母；成年之后，她就会为了反抗而去选择妈妈不喜欢的，比如一定要选择很短的裙子、露肩膀的衣服。

所以，在孩子做选择的时候，父母可以有意识地问孩子以下这些问题：

"你感觉怎么样？"

"你今天玩得开心吗？"

"你喜欢姐姐这样对你吗？"

"哥哥拿走你的玩具，你真的无所谓吗？"

如果孩子说："妈妈，我不知道。"你可以接过孩子的话：**"宝贝，相信自己的感觉，只要是你跟随自己的感觉做出的决定，就是对的。"**

如果孩子担忧地说："妈妈，我后悔了怎么办？"你可以说：**"没有关系，如果你后悔了，觉得你确实选错了，我们再调整，我们可以再做一次选择。"**

> 父母要相信，孩子不断地做决定并对结果进行验证，他的思路会不断得到优化，决策能力会不断提升，他会更有勇气做选择、承担结果。在这个过程中，孩子就会学会真正的权衡，就会从不敢做决定变得更遵从本心，从容地做选择。祝每一位家长、每一个孩子都拥有这一珍贵的"我决定、我承担、我成长"的能力。

沟通应用篇

让父母心烦的问题这么多，
这样沟通父母不再头疼

第 五 章

与情绪有关的问题——
给孩子需要的聆听和疏导

第一节　一去幼儿园就有情绪——
两步安抚分离焦虑娃

上幼儿园后变得黏人的多多

　　我小儿子多多三岁了，已经上幼儿园了。记得邻居家的女儿上幼儿园时，经历了一段特别艰难的时期。邻居每天送女儿去幼儿园，到幼儿园门口时，她女儿总会哭着闹着大喊："妈妈，别走！"我原以为我家儿子是男孩子，会坚强一些，不会上演"生离死别"的闹剧。没承想，送儿子多多去幼儿园的最初几天，在幼儿园门口，我一转身，就会听到孩子撕心裂肺的哭声，我也忍不住跟着掉眼泪。

　　对此，孩子的奶奶建议我再自己带一段时间，再送他去幼儿园。而跟邻居聊起此事，邻居建议我坚持送他去幼儿园，说是坚持到孩子适应这样的生活就可以了。于是，我又坚持了一段时间。结果，孩子比以前更黏我了，吃饭要跟我坐一起，玩玩具让我陪着，连我去洗手间他都要跟着我，仿佛一转身我就会丢了一样。

　　最让我担心的是，自从送他去幼儿园，他明显瘦了。这让我十分怀疑送他去幼儿园的决定是否正确。唉，我应该怎么办呢？花卷妈，是坚持送他去幼儿园，还是让他在家再待一段时间呢？

一、孩子进入新环境后的 5 个阶段

孩子刚上幼儿园，特别是前两个月，常常会情绪特别大，哭闹得特别厉害。所以开学后这几个月，教育、引导非常重要。

孩子进入新环境后，会经历 5 个阶段的适应期。在这里，花卷妈就跟大家说一说这 5 个阶段的特点和相应的解决方案。

第一阶段：迷茫期。

迷茫指的是什么呢？突然被送去幼儿园，孩子往往会迷茫地想：

"我妈妈为什么要把我送到幼儿园呢？"

"为什么我要去那里呢？"

"为什么我不能跟妈妈在一起啊？发生什么事了？"

"妈妈还要不要我了？"

这时孩子其实是蒙的，不知道是怎么回事。孩子刚上幼儿园时的感受是：**"我没有看到爸爸妈妈，我来到了一个陌生的地方，老师是陌生的，小朋友也是陌生的。这好像不是游乐场啊？我要回家！"**孩子恐怕感觉自己"整个人都不好了"，所以接下来就会进入"抗争期"。

第二阶段：抗争期。

抗争期的孩子有什么表现？一个"名场面"就是，父母送孩子去上学，孩子咆哮：**"我要回家，我要找我妈！"**

除此以外，抗争期的孩子还会出现很多行为，比如父母送他上

幼儿园时，抱着父母的脖子不撒手，拉着父母的衣服不肯走，在学校门口大哭大闹。

抗争期的孩子在幼儿园里会有什么样的行为呢？会拼命地往门外面冲。孩子知道这个地方不是他家。他知道出去要通过那个门，门是最关键的。孩子会守着那扇门，从门缝里往外看，甚至看到窗子也要爬窗。打老师、踢老师、大叫、大哭等也很常见，教室里不时乱成一团。这就是孩子从迷茫期进入抗争期的表现。

第三阶段：死心期。

死心期是什么意思呢？孩子知道："不管怎么闹、怎么哭，大概过几天，爸爸妈妈还是会把我送到幼儿园，每天下午再把我接回家。我说也说过了，哭也哭过了，闹也闹过了，但是家里的人、幼儿园的人全都不听我指挥呀，每次还是老样子！"这个时候孩子就死心了，进入**死心期**。

死心期的孩子跟抗争期的孩子有不一样的地方：处在抗争期的时候，孩子不知道父母还要不要他；但进入死心期后，他明白父母还是要他的，他还能回家，只是他没有办法不来幼儿园。死心期的孩子还有一个特点，叫作**"哭着说拜拜"**，就是一边哭一边绝望地去幼儿园。

第四阶段：观察期。

接下来是观察期。观察期是什么呢？孩子发现哭没有用，叫也没有用，求妈妈、求老师都没有用。他可能会对妈妈说：**"妈妈，我不上幼儿园。妈妈，我要跟你在一起。"**他在幼儿园可能会对老师说：**"老师，我要回家，我要找妈妈。"**但孩子会发现，他怎么讲都没有用。

接下来孩子只能看一看，幼儿园里有什么人，大家都在干什么。

老师说："吃饭了！"——原来我们是坐在这里吃饭，跟我家不一样。

老师说："睡觉了！"——原来我们就一排排地躺在那儿，一起睡觉。

老师说："排队了！"——原来我们一起站在那儿，就是排队。

老师说："上课了！"——原来我们一起搬椅子，坐下来听老师说话，就是上课。

"原来是这样的啊！"

第五阶段：适应期。

适应期的孩子有一个特点，就是喜欢黏着老师。父母们可以回想一下，孩子进入幼儿园后，第几天出现了黏着老师的情况？一旦出现了这种情况，孩子大概率已进入第五个阶段——适应期。

二、父母该怎么办

现在我们知道了孩子入学后会经历这5个阶段，那么这5个阶段父母到底应该怎么做？这里花卷妈分享给大家一些方法和技巧。

（1）迷茫期：给孩子明确的态度。

当孩子处在迷茫期的时候，父母要做的事情就是给孩子明确的态度。明确的态度是什么呢？父母要对孩子说：

"宝贝儿，送你去幼儿园是最好的安排。"

"送你去幼儿园，是因为你长大了。幼儿园有滑梯，有小朋友陪着你一起玩。去了幼儿园，睡觉的时候有人陪，吃饭的时候有老师在，上厕所的时候老师会陪着你，比爸爸妈妈陪你的时间还要长。"

如果父母没跟孩子说清楚为什么要送他去幼儿园，没跟孩子表明自己的态度和目的，孩子的迷茫期可能就会持续很长时间。**"我是谁？我在哪？我在干什么？"孩子完全是蒙的。** 所以父母一定要让孩子知道自己的态度和目的，最好入园前一周左右就告诉孩子。别让孩子自己摸索，猜测发生了什么事。

（2）抗争期 + 死心期：提供支持。

抗争期的孩子会找各种理由不去幼儿园。

"不行！我要回家！我要回家找我妈妈！"

"虽然这个老师长得挺好看，但是我不喜欢。"

比如说，今天是上幼儿园的第二天，孩子抱着妈妈的脖子不放，妈妈把他的手掰开，孩子马上又紧紧地把妈妈抱住，就是不离开妈妈。还有的小朋友都快走到幼儿园门口了，突然开始往后退，拉着妈妈的衣服往回走。

这一时期的孩子早上不肯起床、不肯刷牙、不肯穿衣服，因为一起床就要去幼儿园了，"灾难"就要开始了。其实抗争期的孩子恐惧的是不知道父母还要不要他，不知道一去幼儿园，他还能不能回家。所以孩子处在抗争期时，父母要做一件事，就是**提供支持**。

"宝贝，吃完下午茶，妈妈就来接你了。"

"宝贝，午睡起来做完手工，爸爸就来接你了。"

父母要给孩子支持。

（3）观察期 + 适应期：让孩子感到愉悦，有好的体验。

观察期是较为安全的时期，因为观察期的孩子忙于学习和观察：学校里都有什么人呢？他们都在说什么？在这里要做什么事？这个阶段，孩子的策略就是"初到江湖，我低调"。

所以，处在观察期的孩子很少打架、抢玩具。孩子进入观察期后，父母要做的就是尽量避免他在幼儿园发生不愉快的事情，提升孩子的体验。父母要让孩子觉得：

"幼儿园还不错。"

"虽然爸爸妈妈不能陪着我，但是这里还不错，还挺好的。"

只有孩子对幼儿园有好的感觉，他才不会哭闹。

三、入园两步融入法

花卷妈从归属感的角度出发，和大家分享**入园两步融入法**。

第一步，建立物品归属感。

怎么才算有物品归属感呢？比如，孩子有自己的小杯子，有自己专属的睡觉的地方，知道自己的座位在哪儿……如果孩子去了陌生的地方，那个地方有属于他自己的物品，那么这种归属感就能够建立起来。

比如，当幼儿园有活动，全体孩子都穿白色的衣服时，孩子们就会觉得："我们都穿白衣服，我们是一伙的！"这就叫作归属感。幼儿园让孩子穿园服、背统一的书包、用统一的被子，就是为了让孩子来到这个环境当中，觉得自己跟大家是一起的，大家都一样，从而建立相应的归属感。

第二步，建立情感归属感。

如果孩子去了一个陌生的地方，在那里找到了一个喜欢的人，就能更快速地在情感上建立归属感。可见，让孩子与老师建立良好的感情非常重要。很多妈妈给我留言说："花卷妈，学校老师凶我孩子了！"这往往就是孩子抗拒上幼儿园的原因。因为孩子没有和老师建立良好的感情，情感上又受了伤害，因此会非常抗拒上幼儿园。

既然和老师建立良好的感情很重要，那么父母在把老师介绍给孩子的时候，一定要做一件事：**将孩子对父母的喜爱和信任迁移到老师的身上。**具体怎么做呢？送孩子去幼儿园，见到老师时，父母可以说："这个是老师，她是妈妈的好朋友，妈妈在家里照顾你，老师在幼儿园里照顾你。"如果能够让孩子看到老师跟自己的妈妈聊天，孩子心里会想："**我妈跟那个人在聊天，她们每次聊得都很开心！**"这样孩子就更容易对老师产生信任，和老师熟悉起来。

总结一下，孩子入学后会经历 5 个心理阶段，分别是迷茫期、抗争期、死心期、观察期和适应期。在迷茫期给孩子明确的态度，在抗争期和死心期提供支持，在观察期和适应期提升孩子的在园体验，孩子慢慢就会觉得去幼儿园是一件开心、快乐的事情。

花卷妈在线

➡ **家长**：我家孩子已经上了一段时间的幼儿园了，可最近就是不肯去幼儿园，总是哭，每次看到校门就说要回家。我该怎么引导？

➡ **花卷妈**：孩子如果已经入园一段时间了，突然不愿意去，我建议你先观察以下几点。

①孩子的情绪。孩子上了幼儿园之后，是越来越开朗了，还是越来越暴躁、越来越敏感了？我们要观察孩子的情绪，尤其是入睡前的情绪。有很多家长跟我说，孩子入睡前会哭闹，甚至睡得不踏实。入睡前的情绪其实是孩子一整天过得开不开心的一个表现。

②孩子的食欲。我在做心理咨询的时候，发现孩子的情绪问题会首先体现在食欲上，情绪不佳可能会导致持续性的食欲不佳。孩子看到平时很喜欢吃的东西，却没有胃口，或者吃两口就不想吃了，这意味着什么呢？一个孩子连满足生存需求的欲望都不强烈，那么他的情绪一定不怎么好。我们成年人心情不好的时候也没胃口，是不是？

③孩子的自理能力。我们需要观察孩子上幼儿园之后自理能力是否有退步，比如明明会上厕所的，现在又不会

了。孩子的自理能力一般会越来越强，出现退行的情况，有可能是受到了不恰当的对待。（有关"退行"的更多介绍读者可参阅第二章第一节的内容。）

第二节　孩子太磨蹭——
"启动公式"让孩子动起来

被妈妈催烦了的乐乐

　　都说每一个孩子都有自己的优缺点，可我没发现我儿子乐乐身上有多少优点，缺点倒是一箩筐，其中，最让人头大的就是懒散，做事缺少积极性与主动性。晚上写作业，必须催，不催他就玩手机或看电视。早上起床也要催。昨天早晨，我提前半小时催他，等他好不容易睁开眼了，结果，他穿个衣服要磨蹭四五分钟，然后迷迷糊糊地进洗手间洗漱。有一天，我也还没洗漱，由于我家只有一个洗手间，我不得不等他，可是等了5分钟，他还没出来，于是我催他："快点啊！洗好了没？"他不吱声。情急之下，我推开洗手间进去了，只见他拿着水杯，准备接水刷牙。"怎么？牙还没刷？"儿子一听我说完这句话，他马上就红着眼吼我："催催催，刷个牙也催，就知道催！"我摔门而出，委屈地想："催他，难道是我错了？"

　　明明是他懒散，却说我有错！一气之下，我决定以后不催他了。第二天，我没催他起床，他起晚了，根本没时间吃早饭就去上学了。一想到他要饿一上午，我就心疼，可是再一想他不催就不动、催了也懒得动的样子，就狠下心来："让他体验一下懒散的后果也好。"于是，我就不再叫他起床，也不催他做事了。我已经坚持了一个月了，这一个月他迟到了好几次。孩子的奶奶说我心太狠，不像亲妈。我这样做，到底是对还是错呢？我是不是做得有些过分了呢？

在孩子的成长过程中，父母会遇到各种各样的挑战，比如孩子磨蹭或懒散。遇到这样的情况，大多数父母会着急上火。有些父母会不停地催促和唠叨："能不能快点儿？这都几点了，怎么还弄不好？""都火烧眉毛了，你怎么还不快点儿啊！"有的孩子是父母催得紧就动一动；有的孩子是父母催得越紧就越不动。于是，每天催促孩子做事就成了一件让父母非常恼火的事情。

孩子做事磨蹭或者懒散，作为父母是催好呢，还是不催好呢？当然要催促他。不过，父母要注意的是，在催促孩子的时候，一定要进行有效催促，千万不能说："**你快一点儿，你能不能再快点儿？""怎么这么慢，你磨磨蹭蹭能做成什么事情？**"这样催促只会越催越慢，属于无效催促。

怎么催促才是有效催促呢？在这里，花卷妈想向大家分享"**启动公式**"，即"**我看见 + 下一步行动**"。

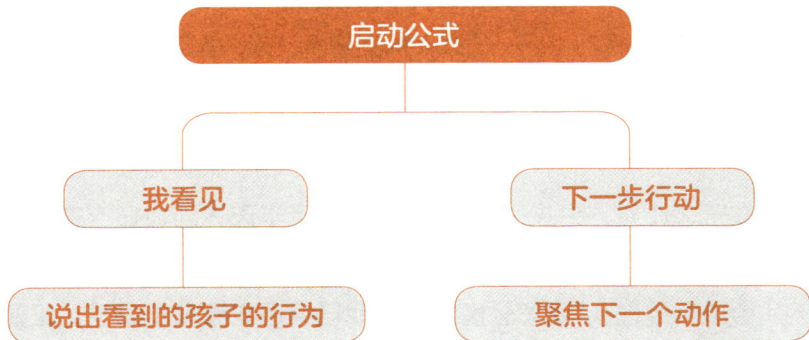

1. 我看见

使用"启动公式",第一句话就是把孩子已经在做的事情说出来。比如,孩子洗漱磨蹭,不好好地刷牙,玩水、吐泡泡,不知不觉 20 分钟就过去了。这时候父母可以这么说:**"哇,我看到小牙杯已经装满水了,不错。"**接下来,妈妈可以给孩子下达**具体的行动指令**。

2. 下一步行动

妈妈可以怎么说呢?妈妈可以明确地说:**"好,现在拿起牙膏,挤出小豆子大小的一粒牙膏,对!挤出来了,大小刚刚好。现在开始刷牙吧!"**此时,由于孩子已经做到的事情被你"看见"了,被你"肯定"了,你要求孩子做下一步动作,孩子就会非常乐意去执行。

又如,如果父母发现孩子穿衣服太慢,孩子穿外套时,可以这样催促他:第一句表达**"我看见"——"不错,把外套拿出来了。"**接着下达**具体行动指令——"现在穿上裤子,来,先穿第一条腿。"**

"启动公式"非常简单,只要讲明看到的事实,再给孩子下达行动指令就可以了。不过,在日常生活中,很多父母习惯了指责与批评孩子。比如,说孩子:**"你怎么磨蹭了半天,到现在连衣服都没穿上?你知不知道现在几点了?"**孩子听了父母的话后,情急之下就会生气地说:**"我怎么磨蹭了,我已经把衣服拿出来了,正要穿呢!"**

父母催促孩子，孩子就会有情绪，而孩子之所以有情绪，是因为他在心里想："我做了什么事，你永远看不到；我没做的事情，你却总说我做了。"孩子怒气冲冲，可与此同时，他做事的速度却没有得到提升。

"启动公式"的第一步，父母要看见孩子做了什么，并且肯定孩子已经做的事情。对于孩子来说，这是非常重要的。父母认同与表扬孩子，孩子才会有动力去执行父母的行动指令。

小练习

　　孩子说好去收玩具，结果玩具收到一半，他又开始看绘本了。这时候你可以怎么说？把你的答案写在下面的横线上。

_____

_____

_____

第三节 家有黏人娃——
两句话引导孩子从依赖走向独立

特别依赖妈妈的舟舟

约闺蜜出来喝个咖啡，约了好几次，她都说要陪孩子，没时间。好不容易出来一次，她一个劲儿地向我诉苦。原来，闺蜜的儿子舟舟快5岁了，之前是能自己穿衣、穿袜和穿鞋，自己收拾玩具的，可是最近却"画风突变"，变得非常黏她、依赖她，只要看到她就叫"妈妈，抱抱我""妈妈，我要喝水""妈妈，给我穿衣服"等。

闺蜜原以为孩子上了幼儿园，自己上了班，开始了早出晚归的职场生活，日子就可以过得轻松些了，结果现在却被儿子的黏人行为搞得心烦意乱。有一次，她趁儿子睡觉洗了个头发，头发还没洗完，孩子就醒了，一睁眼不见妈妈，就哭着喊着要找妈妈。不管爸爸怎么安慰他，他就只是哭，不一会儿，就哭得上气不接下气了。

闺蜜没擦干头发就从洗手间冲进卧室。孩子见到她，哭声立马小了。闺蜜气得吼他："你都快5岁了，我像你这么大的时候，爸妈上班，根本没人管我，没人陪我……唉，你应该学着独立了，怎么还这么黏人！"结果，孩子咧着嘴，哼哼叽叽地又哭了起来。闺蜜唉声叹气地说："什么时候，我家孩子才能不再黏我，不再是'妈宝'呢？"

很多父母都希望及早培养孩子独立的个性，使孩子不再像"年糕"一样总是黏着父母，特别是男孩。如果孩子总是时刻黏着父母，父母要先来了解孩子黏父母的原因。为什么孩子如此黏人？其实，从心理学角度来看，黏人是每个孩子都会出现的状态，通常发生于 0~6 岁。

这个时期的孩子黏人，说明他的情感与心理发育都是正常的；反之，如果孩子一点儿也不黏父母，甚至和父母很疏远，父母就要注意了。下面花卷妈来进行具体的分析。

黏人，是父母给孩子贴上的负面标签。

首先，孩子是否黏人，与父母对这个问题的看法有关。仔细想想就会发现，"黏人"并没有标准的定义。孩子每天黏着妈妈多少分钟算黏人？独处多少分钟算独立？孩子要求父母抱抱，要求父母帮穿衣服、整理玩具，为什么有的父母会说孩子黏人，有的父母会说孩子不黏人？

实际上，孩子是否黏人取决于**父母如何看待这个问题**，与父母的内在是否丰富有关。

如果父母的内在非常匮乏，哪怕孩子只是每天黏着他一个小时，他也会感觉很痛苦。如果父母的内在很丰富，即使孩子 24 小时都和他在一起，他也能很真实地面对孩子和自己，想办法满足双方，也不一定会觉得孩子黏人是折磨。

孩子是否黏人，取决于孩子父母的人格状态。

孩子黏人，往往取决于养育孩子的那个人的人格状态。如果养育者从小对得到父母的爱、索取父母的爱是非常没有信心的，比如早年的他一旦向父母索取，就会被父母拒绝，不仅不会得到满足，还会遭到冷落，他慢慢就会产生强烈的羞耻感：**"我怎么又黏人了呢？明明得不到回应，明明别人都很厌烦了。"** 渐渐地，他就对索取爱绝望了。他在成长的过程中，可能会走向独立，但是这个独立不是真独立，而是假独立，很可能表面上看起来很独立，但是内心深处却依然渴望像孩子一样被爱。

这样人明明不想这样独立，不想坚强，却因对爱的渴望不能被满足而憎恨自己的这份渴望。于是，他有孩子后，就会觉得孩子不能太黏人，不能太依赖父母，就会要求孩子独立。可见，父母越对自己幼年时索取爱的行为感到难为情，就越难以满足孩子对爱的渴求，反而会要求孩子独立；父母越是要求孩子独立，越不能给孩子无条件的爱；结果，孩子越发对爱感到饥渴；当孩子渴求爱时，他就会变得更加黏人，一步也不能离开父母。

本节开头案例中的妈妈就是如此，妈妈说：**"你都快5岁了……怎么还这么黏人！"** 听到这句话，孩子内心会感觉非常恐慌："我都这么大了，再不黏着妈妈，我就再也没有机会黏着妈妈了！"所以孩子会黏得更紧。父母越是渴望孩子独立，孩子越害怕，越会紧紧黏着父母，一刻也不想和父母分开。

面对这样的孩子，父母肯定想让他有所改变，慢慢走向独立，那么，花卷妈建议用下面这两句话鼓励他、引导他。

第一句：给孩子"定海神针"。

当孩子黏父母的时候，父母第一步做的是要让孩子不再担惊受怕，给孩子的心埋下一根"定海神针"：**"你想黏爸爸妈妈到什么时候都可以，不管你是 3 岁、6 岁还是 12 岁。"**

孩子听到这句话，那颗紧张的心马上就会放松下来：原来黏人是没有"期限"的，原来并不是到了某个年龄就不能黏爸爸妈妈了，原来 7 岁还黏妈妈并不丢人。这就是安全感的来源——**不管什么时候、什么年纪，我对能得到爸爸妈妈的爱这回事都深信不疑。**

孩子有了安全感以后，父母再调整好自己的内在状态，孩子很快就不会黏人了。为什么呢？因为孩子会慢慢发现，他一有需要，父母就总在他身旁，不会推开他。经过不断的确认，孩子就可以安然地离开，毫无挂碍地去探索外面的世界。因为孩子坚信，父母的爱一直都在。

第二句：不能满足孩子的时候，承诺换一种方式来满足他。

当父母确实不能满足孩子时，又该怎么办？我们总是说要无条件地满足孩子，但是无条件地满足孩子，并不代表父母要压抑自己、委屈自己来满足他。如果此时此刻父母确实无法陪着孩子，就要诚实地对他说："孩子，你希望爸爸 / 妈妈现在陪伴你，爸爸 /

妈妈知道了。但是我现在手上有些事，没时间陪你。不过，**我可以换一个时间、换一个方式来陪你。**"

没有父母不想让孩子独立，而要使孩子变得独立、不黏人，父母，特别是妈妈，就要满足孩子对爱的渴求。**被爱的孩子宠不坏。**只要父母满足了孩子对爱的渴求，他就能开心地离开父母。如果父母满足不了孩子，也要如实地告诉他原因，并允许他哭闹一会儿，而不是指责与批评他。

小练习

孩子不肯让你去上班，哭着抱着你的大腿不让你走。这时候你可以怎么说呢？把你的答案写在下面的横线上。

_____

_____

_____

第四节 孩子被同学打了—— 父母心平气和就会让他"少受伤"

想要转学的甜甜

早晨送女儿甜甜上学，女儿说："我不想上学！妈妈，能不能给我换一所学校？"一听女儿要换学校，我装聋作哑，然后就直接送她去上学了。晚上是爷爷接她放学的，细心的爷爷发现了一个秘密：女儿嘴角有些红肿，看上去又不像是上火，倒好像是被人打的。听了爷爷的话，我有些吃惊。女儿从小就比较懂事，属于人见人爱的"乖乖女"，我以为像她这样的女孩，在学校一般不会得罪人，至于校园霸凌这类事，应该也与她八竿子打不着才是。

第二天早晨，在送女儿上学前，我耐心地问了她嘴巴肿了是怎么回事。开始女儿并不想说，后来她看我着急了，才结结巴巴地说："我，我，我这嘴巴，是被两个男同学打的，而且不止一次了。"我一听女儿被人打了，赶紧带女儿去学校，要看看哪个孩子敢欺负我女儿。班主任了解这一情况后，就叫女儿说出那两名男生的名字并把他们叫到办公室来。

在我的强烈要求下，两名男生向女儿道了歉。但是事后，我还是担心他们会再次欺负我女儿。后来，我跟一个朋友谈起此事，朋友也觉得只是简单沟通并不能让打人的孩子不再欺负人。听了朋友的话，我更提心吊胆了。还好，自从这件事后，女儿脸上的笑容又多了起来，再也不提转学的事情了。

当孩子第一次跟我们说同学打他了或者同学把他推倒了，又或者给我们看头上的伤口，我们的内心一定非常复杂、非常紧张。我们会觉得孩子可能受到了天大的委屈，担心这件事可能会给孩子留下心理阴影。

我们可能会表现得很激动，比孩子还激动，只想马上为孩子出头，甚至可能立刻冲到学校找老师、找"肇事者"；也可能避而不谈，不知道该怎么跟孩子谈。花卷妈想说，不管孩子小的时候遇到了什么事情，父母的反应、父母的表情、父母面对这件事情的态度，其实决定了孩子所受创伤的深度。

遇到这种事，父母应以平静的态度跟孩子一起讨论发生了什么，一起商量该怎么解决，并在这个过程中安抚孩子的情绪。如果交流的过程中，父母很紧张、很激动，表示要去找对方家长理论，甚至要去揍那个孩子，等等，就会让孩子对这件事情的看法升级。具体怎么做才对呢？

第一步，尽量维持平静的表情。

注意，父母的表情要从容一些，别表现得非常紧张、非常担心。父母的紧张和担心很有可能诱使孩子在这个过程中撒谎，因为孩子可能会根据父母的表情来判断自己该说哪些话。有的孩子为了引起家长的关注，会把事情夸大；有的孩子怕家长生气，会把这件事情说得很小，回避关键点。这样父母便无法知道真实的情况。

第二步，倾听孩子，不作评价。

如何弄清楚真实情况呢？倾听孩子，不作评价。千万别说："怎么又打你了？来跟妈妈说说谁打你了！气死我了！"这种话语就相当于给这件事作了一个评价。

父母可以这么说："**来，坐下来。不要紧，跟爸爸 / 妈妈说说发生了什么。**"父母用这种方式开启对话，孩子更容易平静地向父母诉说，与父母讨论，从紧张压抑的状态中放松下来，才会有更多表达的可能。

第三步，感谢孩子。

孩子从学校回来和父母说任何事情，父母都先不要评判事情的好与坏，尤其是不太好的事情。跟孩子讨论完细节之后，最好能对孩子说："**感谢宝贝，谢谢你告诉爸爸 / 妈妈这件事情。**"

孩子越是告诉父母一些负面的事情，父母越是要说这句话。为什么？首先，这样孩子会感觉父母是可信任的，他以后再遇到任何的困扰，都可以向父母求助；其次，孩子会感受到父母无条件的爱，知道即使自己做错了事，父母也永远爱他，他会更加愿意向父母倾诉，并且第一时间寻求父母的帮助。

第五节 **孩子怕黑——**
这样说可让胆小的孩子变勇敢

怕黑的孩子

"妈妈，不许关台灯，我怕！"女儿都 10 岁了，还怕黑，不仅晚上不敢一个人出门，而且睡觉还非要开着台灯，否则就睡不着。不过，到了白天，女儿就像换了一个人，不仅性格开朗、活泼，而且胆子也大。无独有偶，同事的儿子 12 岁了，与我女儿一样晚上怕独处。

这两天，同事与她丈夫都要出差，就委托我照顾她儿子。于是，我就把她儿子接到了我家里。第一天晚上吃完晚饭，他对我说："阿姨，我想去小便！"我说："好的，你去吧！"可这之后好一会儿也没见他去洗手间。见他一副憋得难受的样子，我不解地问他："你怎么还不去？"他不好意思地对我说："阿姨，我害怕，你能不能陪我去？"听了孩子的话，我想笑，却不敢笑。最终我还是陪他去洗手间了。后来，我问他："你害怕什么呢？"他说："我害怕有鬼来抓我！"

女儿和同事的儿子害怕的东西不一样，却一样害怕晚上一个人待着。而我小时候虽然有些怕黑，怕晚上独处，却还不至于像他们这样怕到这种程度。现在的孩子是怎么了？也太懦弱了吧？

166

其实，孩子胆小、怕黑、怕独处，是一种正常的心理现象，与孩子是否懦弱无关。而孩子之所以有这样的心理，与父母的教育或者沟通方式有关系。比如，一些父母在孩子不听话时，总是用妖魔鬼怪来吓唬孩子，这样就会让孩子心生畏惧。另外，孩子胆小、怕黑，也与其自身的心理成长特点有关系。

在孩子成长过程的不同阶段，孩子会对不同的事物产生恐惧。孩子两岁前后，会害怕声音，害怕突然变化的光线。三岁多的孩子会怕黑，晚上不敢出门，不敢独处。五六岁的孩子则会想象有大灰狼来吃他、有鬼来抓他等。

随着年龄的不断增长，孩子有了一定的认知能力，对事物的了解加深了，会开始恐惧一些未知事物。同时，这一时期的孩子思维比较活跃，想象力比较丰富，有时候电视剧、动画片中比较吓人的画面也会引发孩子的联想，导致孩子胆小。

在此期间，父母该怎么做，才能让孩子变得勇敢一些呢？很简单，我们要认同、安抚孩子害怕的感受。比如，当孩子说"妈妈，有鬼"或者"妈妈，有大灰狼要吃我"时，我们要耐心与他进行沟通。

第一步，认同孩子的恐惧。

首先，要认同孩子的说法。父母要想真正帮助到孩子，千万不要说"世界上根本没有妖怪、没有鬼，那些都是假的，是骗人的"。为什么不能这样说呢？

因为父母越是这样说，孩子就越会感觉恐惧。在孩子看来，这个东西只有他自己知道，爸爸妈妈都看不到，他们都不知道它有多可怕。这样一来，孩子会更加害怕。所以，父母先要认同他的说法："**爸爸小的时候也害怕，妈妈小的时候也被吓哭过。**"

只有父母认同了他的说法，孩子才会觉得："**哦，原来我害怕的东西，爸爸妈妈都知道，也都害怕过，并不是只有我一个人害怕。**"父母越接纳孩子的害怕，孩子就越能自我接纳。

第二步，安抚孩子的情绪。

当孩子表达了自己的恐惧心理后，父母一定要对孩子进行安抚。比如，孩子紧张地说："**妈妈，你要和我一起去洗澡，我不敢一个人去！**"妈妈要及时地回应他："**好的，妈妈和你一起去。等以后我的宝贝再大一点点，就可以自己去了。**"

再比如，当孩子表现出怕黑后，父母可以抱一抱他说："**害怕黑吗？那我陪着你，什么时候你不害怕了，再自己去洗手间。走，我们现在一起去。**"很多父母会嘲笑孩子："**你这么大的人了，还要人陪着去上厕所！灯开着呢！你小时候都可以自己去的！**"父母这样说，不仅会加剧孩子的恐惧心理，还会让孩子嫌弃自己的"害怕"——"是啊，我小时候都敢的，现在怎么这么胆小呢？"想让孩子变得勇敢，就要懂得安抚孩子的情绪。

第三步，引导解决。

等孩子害怕的情绪平复了，父母可以引导孩子思考害怕的时候可以怎么做。父母可以说：

"咱们来聊一聊，下次你害怕的时候，怎么做能让自己感觉好一些。除了及时寻找妈妈陪同外，还可以怎么做？"

这时候孩子可能会说："我可以找一个玩具陪着自己，打开电视机给自己壮胆，还可以躲在被窝里……"不管孩子提出什么方法，父母听到后都要说：**"你看，你想到了这么好的办法，那下次我们就试一试，看看拿一个玩具陪着你／打开电视机／躲在被窝里……怎么样。"**

如果这时候孩子想不出办法，父母可以给孩子几个建议。

总而言之，只有认同、接纳和安抚孩子，才会让孩子的恐惧心理由大变小，让孩子慢慢接纳自己害怕的某些事物。同时，父母也要引导孩子想办法解决自己害怕某些事物的问题。比如，想到妖怪就害怕的话，除了抱着妈妈睡觉，还可以找个小玩偶抱着睡。

很多孩子都会胆小、怕黑，在与这样的孩子沟通时，父母要多鼓励、多引导，如果孩子自己想出了战胜恐惧的方法，父母一定要及时给予正向反馈："哇，战胜恐惧可是一件大事！来，爸爸／妈妈和你击掌庆祝一下！"父母要让孩子知道人人都会害怕，害怕并不可怕，总能找到方法战胜害怕。

第 六 章

与学习有关的问题——
用合适的语言让孩子爱上学习

第一节 **孩子学习太畏难——**
先"顺"再"带",增强孩子的"抗挫力"

写作业"困难户"俊贤

儿子俊贤今年七岁,比较讲卫生,爱洗澡,对人也有礼貌,会主动跟邻居打招呼。让他帮我扫地,他也乐意做。可他就是不爱写作业,每天写作业都会让人生气。特别是遇到不会的题目时,他就开始发脾气,甚至哭闹。有天放学回来,他先写语文作业。老师留的作业是背课文,他背了五遍都没背下来,然后就急了,急得摔课本、拍桌子,抱着头在房间里走来走去,就像热锅上的蚂蚁一样。

我说了一句:"怎么那么笨啊!背不下来你接着背啊,你急什么急?"没想到,这句话惹毛了他,他竟然大哭起来。听到他的哭声,婆婆从卧室走出来,铁青着脸说:"天天为写作业的事惹孩子哭,值得吗?写作业,写作业,孩子不写作业天会塌吗?"儿子见奶奶给自己撑腰,就边哭边数落我:"哼,说我笨!奶奶,我笨吗?啊……坏妈妈!"

我每天在外面辛苦工作,回家后要洗衣做饭忙各种各样的家务,天天累得精疲力尽,都是为了让儿子生活得更好一些,结果却因为说儿子笨,成了儿子眼中的坏妈妈!唉,花卷妈,写作业这件事,当妈妈的该怎么做,才会成为儿子眼中的好妈妈呢?

"不写作业就母慈子孝，一写作业就鸡飞狗跳"，这是很多家庭的现状。孩子在写作业这件事情上不合作，遇到难题就哭闹，甚至是一写作业就发火，根本的原因是父母和孩子都**没有用正确的方式沟通**。

在心理学上有一个名词，叫作**锚定效应**。锚定效应指的是，人们在对某人某事作出判断时，容易受第一印象或所获得的第一信息的影响，这就像沉入海底的锚一样把人们的思想固定在某处。

就拿写作业来说，如果孩子产生锚定效应，一写作业他就会想起那些让他痛苦的回忆。

比如，写数学作业遇到问题，不知如何解决；写不好数学作业，家人、同学就会嘲笑他，老师也会批评他。再比如，让孩子背书，孩子的反应通常是"一让我背书，我就想到我背不会。如果我背不会，今天晚上就不能吃甜品或者看动画片"。

由于孩子一想到写数学作业或者背书，脑子里就产生锚定效应，即**"做不好 = 灾难"**，进而就会有伤心、无助、委屈的情绪涌上心头，所以无论父母如何劝说他，他也不会爱上学习，孩子也很难有学习的方向或者目标。所以当你让孩子背古诗或者背课文，他反复背却背不下来的时候，一定要让他先暂停。否则，孩子就会盲目地努力，事倍功半。具体怎么解决呢？花卷妈在此分享先"顺"再"带"两步沟通法。

先"顺"再"带"两步沟通法

第一步，按下暂停键，回应孩子的感受。

比如背诵，如果发现孩子背诵总是背不好，父母首先要告诉孩子：**"来，我们先暂停一下，我们不背了，先休息。"**

在和孩子谈话的过程中，父母要先回应孩子的感受，坦白地告诉孩子：**"确实好难，你看你都花了好大劲儿想背会，背不会你心里其实也挺急的。"** 为什么要这么说呢？很多时候父母脱口而出："有什么难的？为什么别人能做到你却做不到？你看 × × × 都能背下来，怎么就你不行？"我们只看到"别人家孩子"取得的成绩，却看不到背后"别人家父母"对孩子的引导和付出。这种来自家人的质疑其实是最令孩子难过的。

先回应孩子的挫败感受，让孩子知道父母看到了他的困难，理解这个困难肯定不是一时半会儿能解决的，需要更长的时间去面对，父母也在正视这个困难。

第二步，播种希望。

父母告诉孩子的第二句话要给孩子希望。就拿背课文这件事情来说，如果孩子总是背不下来，父母可以说：**"来，别急，暂时背不下来没关系，可以晚上背两遍，早晨起来再背背。背课文的方法有很多，我们都可以试一试，总会有一种方法适合你。"**

　　这就是给孩子播种希望。最为重要的是，只要父母给了孩子希望，孩子就会按照这种思维方式思考：**"原来是有方法可以解决我背课文的问题的。原来并不是我蠢、我笨、我记忆力不好，只是我还没找到适合我的记忆方法。"**

　　于是，父母就在孩子心里种下了一粒小小的自信种子——**在学习这件事情上，他是能够胜任的，只是暂时没找到好的方法而已。**而父母给孩子希望的这种方法，叫作外归因，使用这种方法可以尽量避免孩子陷入习得性无助。

　　什么是习得性无助？孩子一想到学习就很崩溃，就很绝望，这就叫作习得性无助。

　　而用外归因的方法可以给孩子希望，鼓励孩子寻找解决学习问题的方法。如果孩子想到了新方法，你一定要鼓励他：**"你看吧，你自己找到了新方法来帮你记忆。你是怎么发现这个方法的？"**

　　如果孩子没有自信，经常说**"妈妈，我真不行，我真的背不会"**，妈妈可以这样给他打气：**"你担心自己记不住，要背的东西复杂，你压力就会有点大。没事的，大家都有这么一个阶段，我们一起找方法解决。左试试右试试，妈妈相信总有一种办法是适合你的。"**

　　父母就这样一直鼓励孩子，一直给孩子播种希望，慢慢地孩子就会发现，原来有各种各样的方法可以帮助自己写作业写得更快、背文章背得更快。如果你的孩子已经大了，在读小学或者中学，对学习有畏难心理，那么在这里花卷妈有三点特别的提醒。

①当孩子遇到困难时，他们需要的并不是教训或者教育，也不一定是需要我们告诉他应该怎么做；他需要的是**鼓舞**，是有人帮助他**看到希望**。

②**不要回避困难**。有的时候父母会本着一种安慰的心理去告诉孩子"没多大事"，其实，这种回避反而会让孩子找不到自己的落脚点。所以我们需要正视困难，要根据孩子目前的能力和状态来客观评估这件事的难度。

③对于年龄大的孩子来说，如果父母在学习上帮不上忙，父母能做的真的只能是倾听孩子无助的倾诉和抱怨了。对于父母来说，可以做得更多的就是陪着孩子，让孩子知道他在外面就算遇到再大的困难，家里还有**一盏亮着的灯在等他**，还有**一个拥抱在等他**，还有**一杯热茶在等他**。这就是对他最好的支持。

第二节　一考试就肚子疼——
用爱心和陪伴，帮孩子面对困难

遇到大考就肚子疼的悠悠

"妈妈，我肚子疼！"一听女儿悠悠喊肚子疼，我简直气不打一处来，可是又不敢发脾气。只能给她弄暖宝宝，煮姜糖水，小心翼翼地照顾她。唉，我女儿上初一了，平时学习成绩很好，每次考试，各科成绩在班级基本都能排进前十名。可是不知为什么，一遇到比较大的考试，她就会肚子疼。眼看着明天就要期末考试了，她又开始喊肚子疼了。

说实话，一开始的时候，我以为她是装的。可是她每次喊疼的时候，都会出虚汗，不想吃饭，我就相信她是真的肚子疼了，而且为此心急如焚。后来，我带她去医院检查，医生说她可能患了考试焦虑。悠悠爸爸说都怪我，因为有一次考试女儿没发挥好，数学考得不理想，我就狠狠地批评了她。

女儿平时学习成绩很好，怎么会一到大考就焦虑呢？她的考试焦虑，是不是真的与我那次批评她有关？明年她就要读初二了，有的科目就要中考了，她这样一到大考就焦虑，势必会影响她的中考成绩。作为父母，我们该怎么帮她缓解考试焦虑呢？

一到考试就肚子疼，一上学就肚子疼，这类问题针对 6 岁及以下孩子和 6 岁以上孩子的解决方式不一样。我们结合具体案例来分析。

一、针对 6 岁及以下孩子，用万能沟通模型分三步处理

如果 6 岁及以下的孩子对你说"妈妈，我今天肚子疼，我不想去幼儿园"，就可以使用花卷妈在第四章介绍的**万能沟通模型**。

第一步，接纳孩子的情绪。

父母第一时间一定不要说："**不行，不能不去上学，我现在带你去医院检查。你可不要骗我！**"要先接纳孩子的紧张和害怕，摸摸孩子的小肚皮，对孩子说："**这样吗？来，妈妈摸一摸是肚子什么地方疼了。肚子疼起来特别难受，是不是疼得都胀起来了？**"

当孩子说不想去幼儿园，说肚子疼，父母一定要重视孩子的感受，回应孩子的感受，让孩子意识到父母在真正地关心他。哪怕你心里知道孩子可能是在假装，也不要第一时间拆穿他。你要传递的信息是"妈妈很关心你的身体变化，对你的感受很在意"。

第二步，了解情况，找到原因。

接下来，父母需要了解真实原因。你可以说："**妈妈很好奇，你不想去上幼儿园是什么原因呢？你跟妈妈说一下，看看妈妈能不能帮助你。是换老师了吗？还是不想睡午觉，但是又不知道怎么和**

老师说？"

如果孩子说了一些原因，你就可以接着说：**"所以其实不是因为肚子疼才不想去幼儿园，是因为不想睡午觉，但是又不知怎么和老师说，对吗？"**

父母接纳了孩子的情绪以后，就要开始找真正原因了。孩子往往是不愿意主动说原因的。这也是很多幼儿园孩子共同的特点，因为孩子知道自己装病不去幼儿园本来就是一件不好意思的事情。

父母在这样的情况下，要多猜原因，一般有以下几种原因：

老师换了；

老师凶孩子了；

孩子不喜欢学校发生的事；

和其他小朋友发生了矛盾；

饭菜不好吃；

不想睡午觉。

当孩子有说不出口或者不会说的原因时，父母可以主动猜测并帮孩子说出来，这样才能带领孩子走到下一步——解决问题。

第三步，提供解决问题的办法。

找到原因后就要解决问题。解决问题的方法，需要既满足孩子需求，又遵守学校规则。比如，父母可以准备一个小小的玩偶，对孩子说：**"你不想睡午觉，妈妈也能理解。妈妈想到一个办法，给**

你找了一个伙伴，你中午睡不着的时候，就把它放在你的旁边，你和它说一说话，摸一摸它，好吗？"注意，要提示孩子："这个伙伴是陪伴你的，但是你需要小声和它说话。"

这样可以让孩子明白，父母帮助自己想到了解决问题的方法，但是自己同时也要注意不能因为和小玩偶大声说话而被老师批评，所以要小声地说。

以上是针对 6 岁及以下孩子因为肚子疼不愿意去上学的处理方法。如果 6 岁以上的孩子出现这样的问题，我们该如何解决呢？

二、6 岁以上，有效表扬

很多孩子进入小学、初中以后，动不动说自己肚子疼，很可能和父母平时的夸奖方式有关，比如经常对孩子说你真好、你真棒、你怎么那么优秀啊。这类表扬属于无效表扬，次数多了，会让孩子看中结果而不是过程。

为什么说这种表扬无效呢？因为孩子只能感觉到："哦，太好了，妈妈表扬我了。"**在这个过程中，孩子只看到了结果**，也就是"这件事我做得好，有表扬；我做得不好，没有表扬"。孩子慢慢地只关注自己聪明不聪明、优秀不优秀，会过度追求结果而不是努力的过程。

这会造成一个什么问题呢？就是孩子准备做一件事的时候，如果觉得自己可能会失败，可能会做不好，干脆就不做了。所以我们会发现很多孩子在考试之前就开始跟同学、老师说**"我昨天一晚上没睡觉，今天考试肯定考不好"**，或者就是一考试就声称肚子疼。

孩子为什么这么做呢？因为要维护自己的形象。孩子并不知道自己到底为什么聪明、为什么优秀，但是知道这个结果对父母来说很重要。所以一旦遇到考试、比赛、演讲等，孩子就会担心这些事会暴露自己不够优秀、不够聪明，干脆就先跟别人说自己可能不行。

那么怎么解决这个问题呢？父母需要认可孩子奋斗的过程，鼓励孩子不断超越自己。比如孩子期中考试数学考了 75 分，这次考了 70 分，成绩比上次低了 5 分，父母应该怎么说呢？应该找到孩子努力的点并进行表扬，比如对孩子说：**"妈妈发现你这次的字迹比以前工整、清晰了，卷面比之前整洁了。你这学期学的东西更难了，你还能保持在这个水平，不错。"**

即使孩子成绩下降了，父母也要帮孩子找出他进步的细节。不是说孩子考 90 分、95 分才叫进步，孩子的成绩可能下降了，但可以通过细节发掘出孩子进步的点，**让孩子知道他的任何努力都不会白费。**

可能孩子心里想："我已经尽力了，我真的认真听课了，每天的作业也认真完成了，可是我还是没考好，退步了。我真没用，太差劲了！"在这个时候父母就要明确地告诉孩子：**"你看上次这道题你丢分了，可这次大题你都没有丢分。你牢牢地掌握了解题思路，这和你平时认真听讲、举一反三多做练习有关系，你的努力没有白费。"**

为什么要这么说呢？这么说的目的是让孩子不断地体会到，哪怕他成绩（最终结果）不怎么样，但是在达成这个成绩的过程中一定有进步的地方——

"我具体哪些地方进步了？"

"为什么会进步？"

"我是怎么做到的？"

"下次我还可以怎么做？"

"我进步的点，可以用到其他科目上吗？"

孩子会在每一次考试中，摆脱盲目追求结果、被结果捆绑的困境，开始慢慢寻找学习过程中自己可以提升的点，进而不断地提升自己，一点一滴地积累学习成就感。

肚子疼是孩子寻求父母关注的一种方式。

花卷妈在这里强调，还有一种情况——孩子常常说肚子疼，可能是想通过这种方式来获得你的关注。很多时候孩子不知道如何表达"妈妈，我想让你多关心我，多陪陪我，多和我在一起"，于是就会用非常"幼稚"的方式来表达被关注的需要。

这个时候不要去揭穿孩子，而要放下那些规矩，跟孩子亲密互动，充满爱地看着孩子的眼睛和他交流，高质量地陪伴孩子。哪怕一天中你能全神贯注陪伴孩子的时间只有 15 分钟，都胜过不耐烦地陪伴他一整天。这样做或许会消耗父母一部分的时间和精力，但是可以满足孩子对陪伴的渴望，当然是值得的。

第三节 孩子不爱思考，太依赖父母——
用"提问公式"引导孩子主动思考

"孩子懒得动脑子思考，父母应该怎么帮呢？"这是一个我经常被问到的问题。其实孩子懒得思考和父母对待孩子的态度有直接的关系。

我们来看一个特别常见的场景：孩子向爸爸妈妈提问。

"为什么要喝水？"
"为什么天冷了树叶会落下来？"
"为什么要穿鞋子？"
··········

相信几乎没有父母是不会被孩子提问的。当孩子提出这些问题的时候，父母的回应方式决定了这颗好奇心被如何安置。如果父母回应：**"天冷了树叶就会落下来，我来跟你讲一下，因为一年有四季，到了秋天的时候……"**

这种回应方式是直接向孩子传授知识，孩子和父母从角色上来说，一个是提问者，一个是回答者。看上去，父母及时回答了孩子的问题，实际上并没有给孩子提供主动思考的机会，没有让孩子探索出一条他可以独立思考的路。孩子在这样的沟通互动中得到的逻辑是：**我不知道就问爸爸妈妈，他们会告诉我答案。我不需要自己思考。**

所以，孩子问问题的时候，父母并不需要每次都准确回答。但需要注意以下三个原则，这样做可以更好地激发孩子思考问题的兴趣。

原则一：肯定孩子的提问。

当孩子提问时，父母可以说："**你提的问题很有价值，小小年纪就已经开始思考这个问题了！**"让孩子知道爸爸妈妈肯定他的提问，而且他提的问题很有价值、很有意义。这样孩子就会更有信心和动力继续去探索这个世界。

原则二：鼓励孩子自己找答案。

父母不要着急给孩子答案，而是要问问孩子：

"**你觉得为什么要穿鞋子呢？**"

"**你觉得为什么饮料罐和牛奶罐是不一样的呢？为什么饮料罐是圆柱形的，而牛奶罐是方形的呢？你觉得原因是什么？**"

⋯⋯⋯⋯⋯

孩子的回答可能会天马行空，也许从成年人的逻辑来看孩子的答案都是错的，但是切记，只要孩子开始动脑筋思考，父母就一定要肯定孩子的行为。

原则三：认可孩子的独立思考。

父母可以说："**原来还有这种可能性。你说的这些爸爸妈妈都没有想到，你给了我们一个新的角度来思考这个问题。**"父母的这种回应方式，会让孩子感觉到，原来有问题是需要自己思考的，思考是会被鼓励的。这能为孩子学会逻辑思考打下很好的基础。一旦通过自己的努力找到答案，孩子内心会非常愉快，这种愉快的感觉会激励孩子继续去找问题、思考答案。

对于大一点的孩子，父母光是肯定孩子提问的行为是远远不够的，还要有策略地向孩子提问。在此花卷妈分享一个**"2W1H 提问法"**。

What——是什么
第一个点：是什么。比如我问花卷："大树的根部涂的白色的东西是什么呢？"

Why——为什么
我接着问花卷："为什么人们会把大树的根部涂成白色呢？"花卷当时回答我："为了好看？给树保暖？"我和她探讨了以后对她说："把树的根部涂白有两个作用，一个是预防病虫害，另一个是防止树被冻伤。"

How——怎么办
我紧接着对花卷说：**"哎呀，如果我们想达到同样的目的，预防病虫害和防止树被冻伤，还可以怎么做呢？"** 这就是鼓励孩子去寻找答案。孩子可能想了很多的方法，有些方法父母就算觉得不靠谱，也要少作否定性评价。父母认为不合理的方式，也许在不久的将来就会实现。父母需要开放地看待孩子的思考。

第四节　**孩子没目标——**
　　　　上拉下推，帮助孩子建立目标

前两天，情绪训练营的一个学员跟我说："我们家孩子呀，一点都不追求上进！没有期待，没有追求，自暴自弃！"这句话的背后，是父母在担忧孩子对学习不上心，但是听起来却是在说孩子"自暴自弃"。

花卷妈观察到的是，孩子 7 岁以前，很少会有父母说自己的孩子没追求、不上进。出现父母说孩子"没追求、不自觉、没目标"的情况，通常是孩子在进入小学之后。为什么呢？因为孩子上了小学以后，内心对于社会和这个世界有了自己的想法。他们开始逐渐意识到，**学习并不是他们想要的生活的全部。**

但是这个时候，父母却是另外一种状态，父母开始越来越关注孩子的学习，而在学校，学习成绩的比较也逐渐激烈起来，矛盾也就开始出现了。一方面是孩子除了学习，还想追求更多，孩子想玩、想交朋友等。另一方面，父母开始看到学习的压力、竞争的激烈，就会有担忧——觉得孩子没有期待和追求，自暴自弃了。

在这里花卷妈要强调的是，随着孩子长大，如果父母关注的焦点只有学习，孩子会非常容易崩溃。当学习是孩子自尊、自信的唯一来源，而父母对于孩子的评价标准又全部集中在学习上时，一旦成绩不好，这种双重压力就会让孩子陷入这样一种思想状态：**生活**

太没劲了！活着有什么意思呢？连我原来最在意的学习我也搞不定了。 于是孩子呈现出来的状态就是迷茫、没有斗志、没有动力。

孩子对学习失去目标、没有动力，是有其内在原因的。通常来说，不同年龄段的孩子出现这种情况，背后的原因是不同的。

一到三年级：没有养成良好的学习习惯。

一到三年级的孩子处于适应小学生活及形成学习习惯的阶段，没有养成良好的学习习惯的孩子，不会把学习任务固定在每天的生活中。

造成这种现象的第一个原因是家里的学习环境嘈杂。孩子年龄越小，越容易受到周围环境的影响。比如，孩子没有专门的学习空间，或者学习用具太多太杂，书桌杂乱，这些都会让孩子无心学习。

第二个原因就是父母的不当干预。比如孩子在学习过程中总是被父母催促，学习内容不能自己选择；总是被给予负面的评价；父母总是只看学习结果。整体上来说，孩子学习都是被动的，完全被父母掌握。

第三个原因是孩子没有明确的属于自己的目标。父母往往给孩子定了目标，却没有带着孩子拆分目标，带领孩子一步一步从起点走到终点——最终实现目标。常见的情况是父母总是问孩子："学习学得怎么样了？分数提上去没有？"孩子顶着压力，就会带着困惑去盲目学习。

这一类孩子做事往往虎头蛇尾，定目标的时候慷慨激昂，口号特别响亮，做着做着就没动力了。

三到六年级：缺乏成功的学习体验，对学习不自信。

对于三到六年级的孩子来讲，如果没有养成良好的学习习惯，就很难主动学习。尤其是那样之前靠父母强迫学习的孩子，这个时候往往会逃避和抵抗父母的要求。因为他们的学习并不是由内而发的结果，对课程内容也提不起兴趣。同时孩子缺乏成功的学习体验，对学习不自信，也会导致孩子不爱学习。

初中以上：不喜欢自己的老师。

到了青春期，孩子如果不喜欢自己的老师，通常会对学习完全没有兴趣。

那么父母应该怎么做呢？花卷妈在此分享**定目标三步法**。我们要知道什么是目标感。目标感，**是命中靶心的能力。同时，定目标，需要引导孩子将目标拆解为可执行的最小行动单位。**

命中感受 + 罗列方法 + 及时激励

第一步，命中感受。

父母可以对孩子说："**是不是今天上课握笔姿势还不太对，写不好字，被老师批评了？你当时很委屈吧？你当时有没有哭？到这**

儿来，妈妈抱抱。"

孩子不爱学习，对学习有抵触心理，父母首先要安抚孩子的情绪。

> **展现对孩子的关切，消除孩子的抵触情绪**

第二步，罗列方法。

如果孩子记不住生字、写不好字，父母可以说：**"妈妈看了，有些字你还不熟悉、不认识，我们一起把这些字罗列出来，看看用什么方法可以解决这个问题。你也想想，我也想想，总能想出解决的办法。"**

这一步的目的是激发孩子面对学习的困难的勇气，引导孩子积极思考解决问题的方法。孩子的斗志和对学习的兴趣并不是突然形成的，而是在日常生活中一点一点积累而成的。

注意，列出方法后妈妈要引导孩子思考："你看我们一起想了这么多方法来记住这些字，你觉得这些方法里，哪一种是你现在就可以试的？"这么做的目的在于引导孩子从最小的行动开始，积极地落实目标。

> **将目标拆解成可持续的行动**

第三步，及时激励。

父母的及时鼓励很重要。激励会给予孩子良好的正向反馈和成功体验。激励有个技巧，就是**一定要强调孩子自己的努力。**比如可以说：

"你看你已经记住 10 个字了，而且没有写错。这是你自己做到的，你进步很大。"

可现实情况是，很多父母会说："如果不是因为我催你、盯着你，你能有今天的成绩提升吗？"这种话让孩子听了，会有一种"原来我自己能力还是很弱，果然我还是得依靠妈妈，靠我自己不行"的无力感。因此激励时要强调孩子的努力，让孩子感受到自己能力很强，自己可以做到，哪怕现在暂时做不到，通过练习以后也能做到。当孩子对自己有了自信和成功体验，自然就会拾起对学习的兴趣。

> ### 对每一个节点及时进行反馈

父母须知：在定目标和执行目标的过程中，如果孩子出现了泄气、退缩的情况，要记得给孩子安抚和打气。父母可以说：**"宝贝，你知道吗？你小时候学习走路，用了一年的时间。学习说话，也用了一年。现在遇到一道题不会，我们就多练习，一周不行就两周，两周不行就一个月，总能把这道题的解答方法学会。妈妈相信你！"**

第 七 章

与习惯有关的问题——
这样与孩子沟通就能帮他改掉不良习惯

第一节 孩子喜欢吃零食——
三步改掉孩子爱吃糖的不良习惯

到处要糖吃的女儿

周末公司全员加班，因为女儿没人带，我只好开启带娃加班模式。到办公室后，我坐在电脑前写一篇文案，让女儿在一边写作业。女儿写了会儿作业，说要去洗手间，我就让她自己去了。可是过了十几分钟，女儿还没回来。我心想："坏了，是不是又去向同事小赵要糖吃了？"

女儿果然在小赵的办公室吃糖，让我感觉不好意思的是，女儿吃完糖又在啃糖纸。我感觉此时的她就像个乞丐一样。小赵倒是非常热情，从抽屉中拿出一个袋子，将大半袋子糖倒给了女儿。

看到花花绿绿的糖果，女儿口水都要流出来了。见她那样子，我恨不得将小赵给的糖扔在地上。但是我知道，我要是那样做，女儿就会哭得非常惨烈。于是我只能憋着一肚子火，耐心地让她向小赵道谢，然后带她离开。

我知道我女儿非常喜欢吃糖，可是我怕吃糖多对她牙齿不好，就很少让她吃。结果，每次我带她去别人家做客，她就会向人家要糖吃。有一次我带她来加班，同事小赵给了她糖吃，从此小赵就成了她的"糖阿姨"。我只要带她来办公室，她就会向小赵要糖。

我也跟她说过向他人要糖是不礼貌的行为，虽然她每次都说知道了，但是没有用，下一次依然照要不误。我女儿是太爱吃糖，还是太不懂事？花卷妈，有什么办法能让孩子不向别人伸手要糖吃呢？

我的感觉是，这个孩子对糖的需求没有真正被满足。如果家里没有过分限制孩子吃糖，孩子随时就能吃到，那么孩子就不需要把精力放在向别人要糖上。因为家里就能满足她，她不需额外花精力去外面满足自己。

我猜测，可能孩子在家里吃糖时，还没有吃几颗就被收走了，或者被限制只能吃一点点糖。孩子被反复这样对待以后，见到吃的就抢先占据，先要拿到自己手里，先吃到肚子里。因为孩子怕过一会儿成年人就不让他吃了，孩子的内心有深深的恐惧。

孩子的表现并不是孤立的，而是在跟成年人的交互中逐渐形成的。如果孩子完全不能根据自己的需求和喜好决定食量，而是由父母决定的话，那孩子很可能在父母不在的场合看见糖就想占有并自己决定食量。

如果我是这个孩子的妈妈，我会尊重孩子的食欲和渴望。因为一个食欲正常的孩子是有正常的饥饿感和饱腹感的。孩子有选择权时，不会使劲吃、吃到撑。如果孩子确实吃糖太多，引起了你的焦虑，那么花卷妈建议你真诚地和孩子立规矩。什么情况下孩子会相信你？让孩子看到你的真诚。所以你要真诚地告诉孩子你的担心，而不是看见孩子吃糖就气急败坏地说："你再吃牙齿就掉光了！"具体怎么引导孩子呢？可以使用**合作三步法。**

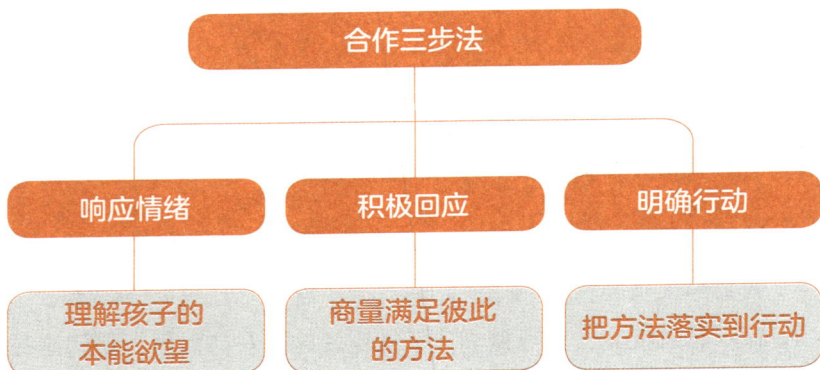

```
                    ┌──────────────┐
                    │   合作三步法    │
                    └──────────────┘
                           │
         ┌─────────────────┼─────────────────┐
         │                 │                 │
   ┌──────────┐      ┌──────────┐      ┌──────────┐
   │  响应情绪   │      │  积极回应   │      │  明确行动   │
   └──────────┘      └──────────┘      └──────────┘
         │                 │                 │
   ┌──────────┐      ┌──────────┐      ┌──────────┐
   │ 理解孩子的  │      │ 商量满足彼此 │      │把方法落实到行动│
   │  本能欲望   │      │   的方法    │      │           │
   └──────────┘      └──────────┘      └──────────┘
```

第一步，响应情绪。

你可以说：**"妈妈也爱吃糖，我也觉得糖甜甜的，很好吃。我理解你想吃糖的那种心情。"** 先向孩子表达"我理解你的感受"，这样孩子才会放下"妈妈又要威胁我、恐吓我"的心理防备，接着听你说。

第二步，积极回应。

你可以说：**"糖果可以吃，但别吃那么多，一个星期吃一次两次，你觉得行不行？咱俩商量一下。"** 你得给孩子说话的权利。和孩子沟通的整个过程中，你要传递什么？是**"妈妈信任你"**。

第三步，明确行动。

你可以跟孩子商量："**你希望周几是吃糖日？我们记录下来，别错过了。到那一天妈妈会提醒你的。**"这样孩子感受到的是，妈妈不是不给我吃，妈妈也喜欢吃，但是妈妈爱我，妈妈只是担心我吃多了会牙疼、长蛀牙。所以这个过程中孩子和你不会有冲突，反而可以享受吃糖的甜蜜。

第二节 孩子做事拖延——
挖掘动机，让你更懂孩子

让妈妈头疼的瑞瑞

我儿子瑞瑞五岁，做事特别拖延。他不爱洗澡，喊半天也不去。每次让他洗澡，就像是打仗。拿玩具哄着他去洗澡，他就一个劲地玩儿玩具，嘴上答应去洗，可就是不行动，让人十分恼火。如果不用玩具哄他，直接将他拉到洗手间逼着他洗澡，他就开始拼命地哭，拼命地闹。于是一场"洗澡大战"就拉开了帷幕。

让他收玩具，他也拖拉。吃饭时喊他好几遍，他却好像聋了一样根本听不见，非得我走过去吼他一顿，他才慢悠悠地开始收玩具。早上起来送他去幼儿园，那简直是我家每日都要上演的"世界大战"，从睁开眼开始催，催穿衣服、催刷牙洗脸、催吃饭、催出门、催进电梯……结果每次去学校都要迟到，实在是让我气得不行！

晚上到了睡觉时间，他也不肯睡觉。让他关灯睡觉，他却一会儿要尿尿，一会儿要拉屎，一会儿要喝水，一会儿要看绘本，有时候真的让我觉得不打他一顿他就不会消停！

花卷妈，怎么才能让孩子不拖延呢？我家这孩子，从小就拖延，一直到现在，我用了各种办法，软的硬的都用过，我真的没辙了！或许这个问题对有些父母来说是"小儿科"，但是对我来说却是难以破解的超级难题！

经常有家长问，孩子总是拖延是怎么回事呢？关于拖延的问题可以说几天几夜，但是今天花卷妈想从心理学的角度来分析拖延的原因。

原因一：拖延是孩子对父母的"隐形攻击"。

很多父母抱怨："花卷妈，我自己不拖延呀！可是我们家孩子拖延。穿个衣服一小时穿不好；穿个袜子磨磨蹭蹭，五分钟过去了，一只脚还没穿进去；吃个饭一小时也吃不完。烦死了！"

为什么孩子会拖延呢？因为孩子没有太多的空间可以做自己，去探索自己喜欢的事，去安排自己的生活。孩子一直都被教育要听话，多数是被父母"控制"的，所以孩子不得已**用拖延来"攻击"父母**。因为孩子不能跟父母打一架，也不敢发脾气，他们担心发了脾气父母可能会抛弃自己、不爱自己了。所以孩子就用拖延来对抗父母。孩子拖延的时候，看见父母气得咬牙切齿，心里甚至会有轻微的"胜利感"——我用拖延来攻击你！

原因二：拖延是孩子的自我保护。

拖延对于孩子来说还是一种自我保护。什么意思呢？就是孩子要保护自我，不让父母越过他的"领地"边界。孩子为什么要用拖延来保护自我呢？因为孩子会听到父母说这样的话：

"鞋子要这么穿！"

"玩具收得不对！重新收整齐！"

"绘本没放好！"

....

孩子心想："如果我真的按照你说的那样去做了，我就感觉我变成了一台机器，你让我干什么我就干什么，那我自己去哪了呢？"这让孩子非常痛苦。于是孩子把自己变得笨笨的、慢慢的，鞋子不会穿、书包不会整理、写作业写两小时……总之，"我就是不能让你满意，我就是不能你说什么我就做什么，因为一旦你说什么我就做什么的话，你就主宰了我，我就失去了我自己"。

所以，花卷妈从心理学的角度和大家分享——**孩子拖延，是为了做自己！** 孩子用拖延来告诉父母：我要自己说了算！

原因三：分离焦虑。

如果一个人在早年比较重要的时期或者是年龄比较小的时候，体验过和父母分离的痛苦，那他在长大成年以后，也会出现拖延的问题。我的沟通训练营中的一位爸爸告诉我，父母在他小时候都去外地打工了，一年回家一次，每次父母在家那几天他就非常开心，可是过了几天他们就又回城里打工了。

这个爸爸是怎么做的呢？在父母在家的那段时间，他会变得特别拖延，拖着不肯睡觉、不肯洗澡、不肯起床。父母很奇怪："**这孩子不是无理取闹吗？前两天都好好的呀！**"一到要跟父母分离的时候，他的拖延就变得更严重。长大了以后，他做事也非常喜欢拖延。

　　他自己也很苦恼，困惑自己为什么就改不掉"拖延症"。我和他探讨了很多次，才知道他的底层心理：拖延意味着可以跟爸爸妈妈多待一会，如果速度很快地穿好衣服的话，爸爸妈妈就要走了。所以年幼的孩子以为拖延一下，就可以不用面对和父母的分离了。

　　总结一下，从心理学层面看，做事拖延的第一个原因是孩子从小就没能被允许做自己，所以用拖延来争取"自己说了算"的空间。第二个原因是自我保护，孩子想自己的事自己说了算。第三个原因是分离焦虑，孩子幻想用拖延让自己晚一些面对分离。

　　具体怎么解决孩子的拖延问题呢？父母可以去看本书第五章第二节：孩子太磨蹭？——"启动公式"让孩子动起来。花卷妈提供了简单、容易上手的方式，让孩子快速行动。本节花卷妈真正想分享的是，每一个人都想成为自己，都想按照自己的想法做事情，按照自己的节奏做事情。当能够跟随内心真实的自我生活、学习，去做自己的时候，孩子一分一秒都不会拖延，因为每一件事都是为自己而做的。这才是从根源上解决孩子拖延的方法。

第三节 孩子不爱分享——
建立物权意识，教会孩子灵活分享

不愿意分享玩具的六六

侄子六六过生日时，他妈妈邀请了亲朋好友到家里庆祝。因为是庆贺孩子的生日，亲朋好友自然都带了孩子来。一下子来了十多个小朋友，六六自然很开心。不过，一见到其他孩子想玩他的变形金刚或者是小手枪，他就会不高兴，冲小朋友大叫："不要动，不能拿！"于是，整个生日会上，六六总是在不停地大叫，让小朋友不要动这个，这是他的；不要拿那个，那也是他的。

而想拿玩具却拿不到的小朋友，要么不开心地走开，要么就动手跟他抢。当然，也会有孩子气恼地说："六六，你真是个小气鬼，我不跟你玩了！"

该切蛋糕时，六六妈妈说："六六啊，大家都是来为你庆祝生日的，你来为大家分蛋糕，好不好？"

六六立马拒绝道："不行，蛋糕是我的，凭什么给别人吃？你敢给他们，我就砸了它！"六六妈妈听了非常生气，就把六六带到卧室教育了一顿，然后把蛋糕分给大家吃了。

我劝六六妈妈以后也不要再逼他去分享了。但是六六妈妈依然不解："六六这么小气，这样不愿与人分享玩具或蛋糕，难道就任由他这样下去？那将来他得成为一个多么自私的人啊？想想就可怕！"

一、当孩子不愿意分享时

孩子不愿意分享玩具，原因一般是自我意识开始产生，开始懂得区分物品的归属，进入了物权敏感期。

当孩子明确某件物品、玩具属于自己时，就会有决定该物品的去留、使用等的自主意识。这个阶段非常重要，将会影响孩子未来的很多方面，比如界限感、自我表达、应对模式等。

父母该怎么做？

第一，尊重孩子的意愿。

谁的玩具谁做主。让孩子自己决定是否愿意把自己的东西借出去。如果孩子不愿意，父母就要用平和的态度跟对方说："我孩子的玩具，由我孩子来决定要不要分享。"而不要因为没能说服孩子而恼火。得到足够尊重的、可以充分表达自己意愿的孩子，在感到安全的时候，就会开始愿意分享。

第二，守住界限。

如果孩子不想和别人分享他的玩具，花卷妈建议父母不要介入。因为父母不是玩具的主人，孩子才是，孩子有权决定分享还是不分享。很多时候父母想让孩子分享，是因为心里有个评判标准：不分享等于自私。殊不知，让孩子学会分享通常有一个前提，就是明确物品的所有权。

一个孩子，只有在心里确认"我的东西我能做主"时，才会逐渐在交往中发现交换的魅力，才会逐渐地由交换发展到分享。整个过程会经历三个阶段：

①确认自己的玩具自己能做主；

②交换玩具；

③分享玩具。

只要父母给予孩子充分自主决定的空间，孩子自然会在交往中逐渐学会交换和分享。

二、当孩子的玩具被抢走时

看到这里有些父母可能会问：**"如果我的孩子的玩具被抢走了，我要不要帮孩子抢回来？"** 花卷妈建议，孩子因为玩具被抢走而伤心难过时，父母只需要看见孩子的情绪，说出孩子的感受就好。父母没有必要让孩子处处都体验快乐，这就是生活的界限。

父母没有必要故意制造挫折来培养孩子的抗挫折能力，也不需要帮孩子排除在日常生活中正常遇到的小挫折，从而为孩子创造一个事事和美、事事顺心的世界。父母只需要保持真实就行了。

真实的情况是，孩子的玩具被抢走了，他在体验愤怒、委屈、不公平，父母只需要陪伴他体验这种情绪就可以了。父母不必非要把孩子从负面情绪里拯救出来。孩子哭泣、感受当下经历的悲伤，这些就是孩子的体验，要允许他去体验。

如果我遇到这种情况，我会说出孩子的感受：**"姐姐把宝宝的**

玩具抢了，你感觉好伤心啊。"父母只需要说出孩子的情绪，在那个时间点做孩子情绪排解的通道。孩子感受到他的愤怒、委屈、不公平被父母看见了，这些情绪很快就能从他的身体里流走。

当情绪变得缓和时，大多数孩子自然就能够想出应对困境的办法，也许是"我要把它抢回来"，也许是"你先玩这个，我去玩别的"。

当孩子的感受被允许表达，同时可以被看见、被理解、被接纳，他们便有足够的空间去发展内在的智慧，这是孩子自身的力量。要能看见孩子的情绪并允许他自由表达。

后 记

历时一年多，经过完成初稿、改稿、打磨定稿，我的这本书终于要面世了。首先感谢你打开这本书，并翻到这一页。

看完这本书，你有什么感想呢？是不是有些惊喜：原来有这么多沟通公式、方法可以用来育儿！是不是也会有这样一些忧虑：

"我能教好孩子吗？"

"我能学会这些方法吗？"

"孩子会配合我吗？"

"我努力实践了，可是我家人不听不执行怎么办？"

…………

别着急，沟通对于成年人和孩子来说，是一生都要学习的技能。家庭成员有不同的见识、经历和行为，都是真实的。在真实的生活中，孩子可以顺应天性发展，接收各方面的信息，从而从更多的角度思考问题，表现出真实的自我。

强求一致不如追求和谐。家庭和睦、家人相亲相爱也是好的教育环境的一部分。只要家人是尊重孩子、爱孩子的，偶尔的不耐烦、说了什么不合适的话，其实没太大关系。你要相信孩子是聪明的。孩子向阳而生，天然地会向他觉得安全的、温和的人靠近。孩子没有那么脆弱。

坦然、诚实地面对孩子，就是最好的养育。

很多妈妈问我，很多育儿理论真的很好，可是担心用爱和信任的方式养育孩子，孩子会越来越不知足，甚至"蹬鼻子上脸"。

这类担心你是不是特别熟悉？类似的声音还有："如果你总是满足孩子，孩子就会得寸进尺，所以要吝啬地答应孩子的要求！"

其实要不要满足孩子的要求，你只需要考虑两点：

（1）你能不能做到；

（2）你愿不愿意做。

如果你能做又愿意做，就痛快地答应孩子！和孩子一起感受要求被满足时的开心和喜悦，享受这份喜悦给彼此关系带来的滋养。不能满足孩子时，你也不要回避，要清晰明白地告诉孩子你做不到，并邀请孩子一起解决问题不愧对过去，不恐惧未来。

各种育儿理论不过是工具，你可以根据家庭实际情况选择使用，对心理学理论也是如此。认清了这一点，我们在生活中就不会追求那个所谓的最佳答案，就不会受限于任何一种具体的育儿理论。我们应该清楚的是，所有育儿思想其实都是为我们服务的！

接下来，请闭上眼睛，我们一起回顾本书的核心内容。

要想掌握好本书介绍的沟通方法，建议你这样做：

· 至少读三遍，可以把这本书分享给全家一起读；

·与孩子一起实践书中介绍的具体沟通话术和方法；

·和孩子在真实的生活中不断创造新的沟通方式，成功了会收获新的体验，失败了也能积累新的经验。

如果做到以上几点，你觉得掌握得还不是很充分，还存在待解决的细节问题，可以通过如下途径与花卷妈互动：

·关注抖音"花卷妈亲子沟通"（视频号、小红书、快手同名），关注花卷妈的直播。

沟通是父母和孩子的终身必修课。花卷妈会用接地气的、轻松愉快的方式陪伴父母们活出风采，与孩子共同成长！

致　谢

这本书的诞生凝结了许多人的付出和努力，花卷妈在此真诚地表示感谢。

感谢秋叶大叔全面、细致的指导，我的愿景是帮助3 000万个家庭轻松育儿，教父母掌握和孩子有效沟通的方法。

感谢秦庆瑞老师专业、耐心的指导，让我静下心来深入研究亲子沟通的精髓，总结出有效、简单的沟通方法。感谢肖卫老师、亦杉老师对本书的精心修改和润色。

感谢我的学员、粉丝为这本书提供了大量的案例素材，书中有些孩子的案例来源于我的课程学员和粉丝的分享。希望这本书能帮助更多父母有效解决亲子沟通中遇到的困惑和难题。

感谢我的家人和我的团队在背后默默地支持我，特别是我的女儿花卷。写书的这段时间，我陪伴花卷的时间少了很多。在创作的过程中，我多次和花卷分享其中的案例，花卷也给了我很多建议，提示我用更简单、轻松的方法去创作。书中很多案例是花卷的亲身经历，我一直在用书中介绍的方法与花卷沟通，这些方法对花卷的帮助非常大。正因为如此，我也坚信不疑地要把轻松育儿的理念传播出去。

最后，感谢每一位翻开本书的你，感谢你们的支持和鼓励，让我在深入研究心理学育儿的路上坚持不懈、持续进步！

① 孩子不会交朋友?

1+3 沟通法，让孩子从容社交

1+3 沟通法

共情

- ✓ 目的：理解孩子，看见孩子
  - **举例** 你很想和他们交朋友，但是他们玩的方式，你感觉很不喜欢，对吗？妈妈也是这样想的。
- ✕ 误区：共情 ≠ 同情
  - ↓
  - 安慰孩子

3 个边界

1. 身体边界
2. 物品边界
3. 情绪边界

Tips 情绪边界"三原则"

❶ 别人有权表达对你的喜欢或讨厌。
❷ 你有权拒绝别人。
❸ 允许别人因为你的拒绝而生气。

应用场景

孩子不会交朋友、讨好他人、害怕被拒绝等

花卷妈温馨提醒
孩子对外交友能力的高低，取决于他们在家庭内部的观察和练习。越是在家里能够自在沟通的孩子，在家庭之外越是感到安全、如鱼得水。

嗨，亲爱的你：

我是花卷妈，见字如面，对你说点真心话……

大约十年前，刚怀上花卷那会儿……

我天天都在想，怎么样做一个好妈妈？
想搞清楚到底什么样的育儿方式，对我的孩子是最好的。
第一次做妈妈，绷得太紧，事事都想亲力亲为。
内心一刻不得安宁，"鸡娃"并没有让我开心，反而让我更焦虑。

大约四五年前，我决定放手……

原地"躺平"，放手不管孩子。
可是放手后，面对家人和社会的声音，我不仅没有得到释放，
反而常常因做得还不够好而自责。

我像钟摆一样：时而"鸡娃"，时而"躺平"……

我真的很困惑，难道就没有适合咱们中国妈妈的、更轻松的育儿方式吗？
既能松弛地做自己，又可以轻松地养好孩子。

终于，在和 2 万多位妈妈沟通后，我发现：
其实，做妈妈真的不必太用力！

"做一个透气感妈妈"

活好自己　顺带育儿

当妈妈并不容易，又带孩子，又工作养家，
生活中没有"轻松"二字。

但是无论如何，我们的能量可以全部用于创造自己想要的生活！
因此，我特别发起了【透气感妈妈成长计划】
期望用七天的时间，我们一起透透气，
慢一点，松一点，活好自己，顺带育儿！

立刻扫码，和我们一起，做透气感妈妈！

凭此书获得：
1. 20 个经典案例解读音频
2. 与花卷妈深度链接
3. 七天透气感妈妈成长计划名额

② **孩子怕输、"玻璃心"**

1 个前提 +3 个话术，让孩子勇于竞争

1 个前提

评估孩子的能力

VS

评估任务的难度

花卷妈提醒：如果在孩子做的过程当中，父母发现这个任务的难度并不适合孩子，要及时调整任务难度。

3 个话术

说感受：先平复孩子的情绪，双方才有沟通的基础

举例 我知道你并不是不想下棋，而是担心自己输了，担心别人说你笨，对不对？

说事实：陈述事实，而不是宣泄情绪

举例 确实，你下棋的水平暂时没有爸爸高；但是爸爸已经下了这么多年了，你有的是时间，以后肯定能赢爸爸。

给支持：给孩子支持的目的是落实行动

举例 你如果想战胜爸爸，就需要不断地练习。那你练习时需要我们的帮助吗？妈妈陪你一起训练，给你加油。

应用场景：孩子输不起、"玻璃心"等

来源：花卷妈·亲子沟通 | 孩子不听话 就找花卷妈

嗨，亲爱的你：

我是花卷妈，见字如面，对你说点真心话……

大约十年前，刚怀上花卷那会儿……

我天天都在想，怎么样做一个好妈妈？
想搞清楚到底什么样的育儿方式，对我的孩子是最好的。
第一次做妈妈，绷得太紧，事事都想亲力亲为。
内心一刻不得安宁，"鸡娃"并没有让我开心，反而让我更焦虑。

大约四五年前，我决定放手……

原地"躺平"，放手不管孩子。
可是放手后，面对家人和社会的声音，我不仅没有得到释放，
反而常常因做得还不够好而自责。

我像钟摆一样：时而"鸡娃"，时而"躺平"……

我真的很困惑，难道就没有适合咱们中国妈妈的、更轻松的育儿方式吗？
既能松弛地做自己，又可以轻松地养好孩子。

终于，在和 2 万多位妈妈沟通后，我发现：
其实，做妈妈真的不必太用力！

"做一个透气感妈妈"
活好自己 顺带育儿

当妈妈并不容易，又带孩子，又工作养家，
生活中没有"轻松"二字。

但是无论如何，我们的能量可以全部用于创造自己想要的生活！
因此，我特别发起了【透气感妈妈成长计划】
期望用七天的时间，我们一起透透气，
慢一点，松一点，活好自己，顺带育儿！

立刻扫码，和我们一起，做透气感妈妈！

凭此书获得：
1. 20 个经典案例解读音频
2. 与花卷妈深度链接
3. 七天透气感妈妈成长计划名额

③ 孩子总爱顶嘴？

2 个心法 +1 个公式，让孩子肯听话

心法一

心法二

沟通是让彼此产生好的感觉

沟通的目的是实现双赢

1 个
公式

"爱的连接" + 具体请求

温暖的话、拥抱、击掌、微笑

举例 宝贝回来了，赶紧来让妈妈拥抱一下！

明确父母的时间或精力 + 说明诉求

举例 如果你在 9 点前完成作业，妈妈就有时间陪你读一会儿书了！

应用场景

孩子顶嘴、脾气大、
说话冲、不配合

花卷妈提醒

明确父母的时间、精力，让目标明确、具体。
"爱的连接"，以亲子关系为目标。
具体请求，以具体行动为目标。

嗨，亲爱的你：

我是花卷妈，见字如面，对你说点真心话……

大约十年前，刚怀上花卷那会儿……

我天天都在想，怎么样做一个好妈妈？
想搞清楚到底什么样的育儿方式，对我的孩子是最好的。
第一次做妈妈，绷得太紧，事事都想亲力亲为。
内心一刻不得安宁，"鸡娃"并没有让我开心，反而让我更焦虑。

大约四五年前，我决定放手……

原地"躺平"，放手不管孩子。
可是放手后，面对家人和社会的声音，我不仅没有得到释放，
反而常常因做得还不够好而自责。

我像钟摆一样：时而"鸡娃"，时而"躺平"……

我真的很困惑，难道就没有适合咱们中国妈妈的、更轻松的育儿方式吗？
既能松弛地做自己，又可以轻松地养好孩子。

终于，在和 2 万多位妈妈沟通后，我发现：
其实，做妈妈真的不必太用力！

"做一个透气感妈妈"
活好自己 顺带育儿

当妈妈并不容易，又带孩子，又工作养家，
生活中没有"轻松"二字。

但是无论如何，我们的能量可以全部用于创造自己想要的生活！
因此，我特别发起了【透气感妈妈成长计划】
期望用七天的时间，我们一起透透气，
慢一点，松一点，活好自己，顺带育儿！

立刻扫码，和我们一起，做透气感妈妈！

凭此书获得：
1. 20 个经典案例解读音频
2. 与花卷妈深度链接
3. 七天透气感妈妈成长计划名额

④ 孩子总是哭闹不停？
表达需求三步法，让孩子主动表达

1. 我想要
鼓励孩子变被动为主动，让孩子自己争取

举例 宝贝，你有什么想要的、渴望的，都可以告诉爸妈，比如你要告诉我"我想要一个生日礼物"或者"我想要一个玩具"。

表达需求三步法

2. 正反馈
肯定、鼓励孩子的需求

举例 你的每一个需求都很重要，都值得被满足。你提出来试试，看怎么样才能满足自己。

3. 抓行动
只有经过行动检验，提需求的能力才会变强

举例 别人会有怎么样的反应，我们不清楚。我们要一起通过现实来检验。如果失败了，我们就继续用别的方法来表达需求；如果成功了，那我们就积累了一点经验！

应用场景

任何育儿场景

花卷妈提醒

* 父母需要让孩子从幻想走向行动
* 在行动中积累经验，在行动中成长

嗨，亲爱的你：

我是花卷妈，见字如面，对你说点真心话……

大约十年前，刚怀上花卷那会儿……

我天天都在想，怎么样做一个好妈妈？
想搞清楚到底什么样的育儿方式，对我的孩子是最好的。
第一次做妈妈，绷得太紧，事事都想亲力亲为。
内心一刻不得安宁，"鸡娃"并没有让我开心，反而让我更焦虑。

大约四五年前，我决定放手……

原地"躺平"，放手不管孩子。
可是放手后，面对家人和社会的声音，我不仅没有得到释放，
反而常常因做得还不够好而自责。

我像钟摆一样：时而"鸡娃"，时而"躺平"……

我真的很困惑，难道就没有适合咱们中国妈妈的、更轻松的育儿方式吗？
既能松弛地做自己，又可以轻松地养好孩子。

终于，在和 2 万多位妈妈沟通后，我发现：
其实，做妈妈真的不必太用力！

"做一个透气感妈妈"
活好自己　顺带育儿

当妈妈并不容易，又带孩子，又工作养家，
生活中没有"轻松"二字。

但是无论如何，我们的能量可以全部用于创造自己想要的生活！
因此，我特别发起了【透气感妈妈成长计划】
期望用七天的时间，我们一起透透气，
慢一点，松一点，活好自己，顺带育儿！

立刻扫码，和我们一起，做透气感妈妈！

凭此书获得：
1. 20 个经典案例解读音频
2. 与花卷妈深度链接
3. 七天透气感妈妈成长计划名额

⑤ 想让孩子无话不谈？

有效倾听引导公式，让孩子感受到你的爱

有效倾听引导公式

是不是……你感觉……所以……

是不是（事）　＋　你感觉（感受）　＋　所以（行为）

举例 是不是今天老师罚你写 20 遍单词，你感觉很委屈，心里特别不好受，所以噘着小嘴气呼呼的呀？

倾听的目的

破解孩子语言背后的信息

听到点子上："你好懂我！"

听的核心

情绪、想法

每种情绪背后，都藏着一个感受。每个感受背后，都藏着一个没有表达的需求。

应用场景

孩子顶嘴、脾气大、闷闷不乐

嗨，亲爱的你：

我是花卷妈，见字如面，对你说点真心话……

大约十年前，刚怀上花卷那会儿……

我天天都在想，怎么样做一个好妈妈？
想搞清楚到底什么样的育儿方式，对我的孩子是最好的。
第一次做妈妈，绷得太紧，事事都想亲力亲为。
内心一刻不得安宁，"鸡娃"并没有让我开心，反而让我更焦虑。

大约四五年前，我决定放手……

原地"躺平"，放手不管孩子。
可是放手后，面对家人和社会的声音，我不仅没有得到释放，
反而常常因做得还不够好而自责。

我像钟摆一样：时而"鸡娃"，时而"躺平"……

我真的很困惑，难道就没有适合咱们中国妈妈的、更轻松的育儿方式吗？
既能松弛地做自己，又可以轻松地养好孩子。

终于，在和 2 万多位妈妈沟通后，我发现：
其实，做妈妈真的不必太用力！

"做一个透气感妈妈"
活好自己 顺带育儿

当妈妈并不容易，又带孩子，又工作养家，
生活中没有"轻松"二字。

但是无论如何，我们的能量可以全部用于创造自己想要的生活！
因此，我特别发起了【透气感妈妈成长计划】
期望用七天的时间，我们一起透透气，
慢一点，松一点，活好自己，顺带育儿！

立刻扫码，和我们一起，做透气感妈妈！

凭此书获得：
1. 20 个经典案例解读音频
2. 与花卷妈深度链接
3. 七天透气感妈妈成长计划名额

6 情绪降温三法则
迅速为情绪降温

法则一 | 肯定"开始" —— 肯定孩子做一件事的初心

> **举例** 原来你都不敢上台发言的，现在你战胜了自己，不仅上去发言了，而且口齿清晰，表情自然。

法则二 | 肯定"过程" —— 肯定孩子做事过程中付出的努力

> **举例** 我看到积木倒了四五次，你试了好几种方法才把积木搭稳，我发现你在整个过程中都能够自己想办法，非常能坚持。

法则三 | 肯定能力 —— 肯定孩子做事过程中付出的努力

> **举例** 我看到你一直坐在书桌前写作业，虽然写得速度不快，但你一直在坚持。

应用场景

孩子出现负面情绪的场景

花卷妈提醒

在意结果，往往得不到结果；
在意过程，往往能收获结果。

嗨，亲爱的你：

我是花卷妈，见字如面，对你说点真心话……

大约十年前，刚怀上花卷那会儿……

我天天都在想，怎么样做一个好妈妈？
想搞清楚到底什么样的育儿方式，对我的孩子是最好的。
第一次做妈妈，绷得太紧，事事都想亲力亲为。
内心一刻不得安宁，"鸡娃"并没有让我开心，反而让我更焦虑。

大约四五年前，我决定放手……

原地"躺平"，放手不管孩子。
可是放手后，面对家人和社会的声音，我不仅没有得到释放，
反而常常因做得还不够好而自责。

我像钟摆一样：时而"鸡娃"，时而"躺平"……

我真的很困惑，难道就没有适合咱们中国妈妈的、更轻松的育儿方式吗？
既能松弛地做自己，又可以轻松地养好孩子。

终于，在和 2 万多位妈妈沟通后，我发现：
其实，做妈妈真的不必太用力！

"做一个透气感妈妈"
活好自己 顺带育儿

当妈妈并不容易，又带孩子，又工作养家，
生活中没有"轻松"二字。

但是无论如何，我们的能量可以全部用于创造自己想要的生活！
因此，我特别发起了【透气感妈妈成长计划】
期望用七天的时间，我们一起透透气，
慢一点，松一点，活好自己，顺带育儿！

立刻扫码，和我们一起，做透气感妈妈！

凭此书获得：
1. 20 个经典案例解读音频
2. 与花卷妈深度链接
3. 七天透气感妈妈成长计划名额

⑦ 父母情绪常常失控？
发送地雷信，营造良好环境

地雷信

清晰地表达自己情绪爆点的一种沟通方法

什么情况下你会生气？

什么情况下你会暴躁？

什么情况下你会失控？

什么事情最让你抓耳挠腮的难受？

举例

- 妈妈在工作的时候不喜欢被人打扰，被打扰了妈妈的思路就会中断，就会抓狂。

- 妈妈喜欢早睡早起，妈妈不喜欢迟到，迟到会让妈妈很焦虑，容易发脾气。

- 妈妈喜欢被温柔地对待。

- 妈妈喜欢被尊重，喜欢有独处的时间。

- 妈妈睡不好的时候会发脾气、急躁。

应用场景

父母经常发脾气、情绪失控时

嗨，亲爱的你：

我是花卷妈，见字如面，对你说点真心话……

大约十年前，刚怀上花卷那会儿……

我天天都在想，怎么样做一个好妈妈？
想搞清楚到底什么样的育儿方式，对我的孩子是最好的。
第一次做妈妈，绷得太紧，事事都想亲力亲为。
内心一刻不得安宁，"鸡娃"并没有让我开心，反而让我更焦虑。

大约四五年前，我决定放手……

原地"躺平"，放手不管孩子。
可是放手后，面对家人和社会的声音，我不仅没有得到释放，
反而常常因做得还不够好而自责。

我像钟摆一样：时而"鸡娃"，时而"躺平"……

我真的很困惑，难道就没有适合咱们中国妈妈的、更轻松的育儿方式吗？
既能松弛地做自己，又可以轻松地养好孩子。

终于，在和 2 万多位妈妈沟通后，我发现：
其实，做妈妈真的不必太用力！

"做一个透气感妈妈"

活好自己 顺带育儿

当妈妈并不容易，又带孩子，又工作养家，
生活中没有"轻松"二字。

但是无论如何，我们的能量可以全部用于创造自己想要的生活！
因此，我特别发起了【透气感妈妈成长计划】
期望用七天的时间，我们一起透透气，
慢一点，松一点，活好自己，顺带育儿！

立刻扫码，和我们一起，做透气感妈妈！

凭此书获得：
1. 20 个经典案例解读音频
2. 与花卷妈深度链接
3. 七天透气感妈妈成长计划名额

8 越说孩子越逆反？

觉察语言，缓和关系，破除标签法

区分行为和标签

- **行为** 孩子做了什么 孩子说了什么
- **标签** 给孩子的行为定性 加上父母的个人看法

负面标签的三大危害

- **放大** 父母的焦虑
- **引发** 孩子的攻击和对抗
- **降低** 孩子的自我价值感

应用场景

孩子顶嘴、发脾气

写下你给孩子贴过的负面标签

如：懒、不上进、自私……

嗨，亲爱的你：

我是花卷妈，见字如面，对你说点真心话……

大约十年前，刚怀上花卷那会儿……

我天天都在想，怎么样做一个好妈妈？
想搞清楚到底什么样的育儿方式，对我的孩子是最好的。
第一次做妈妈，绷得太紧，事事都想亲力亲为。
内心一刻不得安宁，"鸡娃"并没有让我开心，反而让我更焦虑。

大约四五年前，我决定放手……

原地"躺平"，放手不管孩子。
可是放手后，面对家人和社会的声音，我不仅没有得到释放，
反而常常因做得还不够好而自责。

我像钟摆一样：时而"鸡娃"，时而"躺平"……

我真的很困惑，难道就没有适合咱们中国妈妈的、更轻松的育儿方式吗？
既能松弛地做自己，又可以轻松地养好孩子。

终于，在和 2 万多位妈妈沟通后，我发现：
其实，做妈妈真的不必太用力！

"做一个透气感妈妈"
活好自己　顺带育儿

当妈妈并不容易，又带孩子，又工作养家，
生活中没有"轻松"二字。

但是无论如何，我们的能量可以全部用于创造自己想要的生活！
因此，我特别发起了【透气感妈妈成长计划】
期望用七天的时间，我们一起透透气，
慢一点，松一点，活好自己，顺带育儿！

立刻扫码，和我们一起，做透气感妈妈！

凭此书获得：
1. 20 个经典案例解读音频
2. 与花卷妈深度链接
3. 七天透气感妈妈成长计划名额

9 孩子负面情绪大？

一句话说到孩子心坎儿里——客观描述法

行为

你看到的、听见的
用照相机可以拍下来的
用录音笔可以录下来的

举例
孩子在大声地说话。
孩子坐在桌子边，用手抓东西吃。
孩子起床晚了，没赶上校车。

**行为
VS
标签**

标签

对你看到的行为，加入了你的评判

举例
你这个孩子怎么那么没有礼貌！
你把衣服怎么搞这么脏！
你怎么那么拖拉啊！

应用场景

**孩子顶嘴、
发脾气**

来源：花卷妈·亲子沟通 | 孩子不听话 就找花卷妈

花卷妈 亲子沟通

嗨，亲爱的你：

我是花卷妈，见字如面，对你说点真心话……

大约十年前，刚怀上花卷那会儿……

我天天都在想，怎么样做一个好妈妈？
想搞清楚到底什么样的育儿方式，对我的孩子是最好的。
第一次做妈妈，绷得太紧，事事都想亲力亲为。
内心一刻不得安宁，"鸡娃"并没有让我开心，反而让我更焦虑。

大约四五年前，我决定放手……

原地"躺平"，放手不管孩子。
可是放手后，面对家人和社会的声音，我不仅没有得到释放，
反而常常因做得还不够好而自责。

我像钟摆一样：时而"鸡娃"，时而"躺平"……

我真的很困惑，难道就没有适合咱们中国妈妈的、更轻松的育儿方式吗？
既能松弛地做自己，又可以轻松地养好孩子。

终于，在和 2 万多位妈妈沟通后，我发现：
其实，做妈妈真的不必太用力！

"做一个透气感妈妈"
活好自己 顺带育儿

当妈妈并不容易，又带孩子，又工作养家，
生活中没有"轻松"二字。

但是无论如何，我们的能量可以全部用于创造自己想要的生活！
因此，我特别发起了【透气感妈妈成长计划】
期望用七天的时间，我们一起透透气，
慢一点，松一点，活好自己，顺带育儿！

立刻扫码，和我们一起，做透气感妈妈！

凭此书获得：
1. 20 个经典案例解读音频
2. 与花卷妈深度链接
3. 七天透气感妈妈成长计划名额

⑩ 一言不合吵起来？

从说"你"到说"我"，让沟通无障碍

"我句式"法

我看到 —— 沟通的目的是赢得孩子的信任

用"我"代替"你"，是一种视角的转换

举例 宝贝，我看到你写作业用了 50 分钟。

我感受 —— 表达父母自己的感受

花卷妈提醒

表达父母自己的感受，是为了避免"标签化孩子"。

举例 我看到你写作业用了 50 分钟，我真的有点着急了。

我感谢 —— 表达感谢是为了强化孩子的正确行为

举例 我要谢谢你，因为你遵守了约定。

应用场景

孩子顶嘴、对抗等

花卷妈提醒

1. 避免对孩子的一切行为进行标签化。
2. 沟通的目的是赢得孩子配合，而不是制造对立。

来源：花卷妈·亲子沟通 ｜ 孩子不听话 就找花卷妈   花卷妈 亲子沟通

嗨，亲爱的你：

我是花卷妈，见字如面，对你说点真心话……

大约十年前，刚怀上花卷那会儿……

我天天都在想，怎么样做一个好妈妈？
想搞清楚到底什么样的育儿方式，对我的孩子是最好的。
第一次做妈妈，绷得太紧，事事都想亲力亲为。
内心一刻不得安宁，"鸡娃"并没有让我开心，反而让我更焦虑。

大约四五年前，我决定放手……

原地"躺平"，放手不管孩子。
可是放手后，面对家人和社会的声音，我不仅没有得到释放，
反而常常因做得还不够好而自责。

我像钟摆一样：时而"鸡娃"，时而"躺平"……

我真的很困惑，难道就没有适合咱们中国妈妈的、更轻松的育儿方式吗？
既能松弛地做自己，又可以轻松地养好孩子。

终于，在和 2 万多位妈妈沟通后，我发现：
其实，做妈妈真的不必太用力！

"做一个透气感妈妈"
活好自己 顺带育儿

当妈妈并不容易，又带孩子，又工作养家，
生活中没有"轻松"二字。

但是无论如何，我们的能量可以全部用于创造自己想要的生活！
因此，我特别发起了【透气感妈妈成长计划】
期望用七天的时间，我们一起透气，
慢一点，松一点，活好自己，顺带育儿！

立刻扫码，和我们一起，做透气感妈妈！

凭此书获得：
1. 20 个经典案例解读音频
2. 与花卷妈深度链接
3. 七天透气感妈妈成长计划名额

⑪ 表扬孩子有技巧？

表扬到点子上，激发孩子动力——有效赞美法

赞美的本质

告诉孩子"我看见你了"

公式

说事实 + 说感受 + 说影响

举例

事实——宝贝给我倒了一杯水。

感受——喝了这杯水，我感觉好舒服。

影响——妈妈现在正好口渴，宝贝给了我一杯水，帮我解了"燃眉之急"。

应用场景

任何场景

花卷妈提醒

赞美需要常常进行，及时进行。
赞美能让孩子充满能量。

来源：花卷妈·亲子沟通 ｜ 孩子不听话 就找花卷妈 花卷妈 亲子沟通

嗨，亲爱的你：

我是花卷妈，见字如面，对你说点真心话……

大约十年前，刚怀上花卷那会儿……

我天天都在想，怎么样做一个好妈妈？
想搞清楚到底什么样的育儿方式，对我的孩子是最好的。
第一次做妈妈，绷得太紧，事事都想亲力亲为。
内心一刻不得安宁，"鸡娃"并没有让我开心，反而让我更焦虑。

大约四五年前，我决定放手……

原地"躺平"，放手不管孩子。
可是放手后，面对家人和社会的声音，我不仅没有得到释放，
反而常常因做得还不够好而自责。

我像钟摆一样：时而"鸡娃"，时而"躺平"……

我真的很困惑，难道就没有适合咱们中国妈妈的、更轻松的育儿方式吗？
既能松弛地做自己，又可以轻松地养好孩子。

终于，在和 2 万多位妈妈沟通后，我发现：
其实，做妈妈真的不必太用力！

"做一个透气感妈妈"
活好自己 顺带育儿

当妈妈并不容易，又带孩子，又工作养家，
生活中没有"轻松"二字。

但是无论如何，我们的能量可以全部用于创造自己想要的生活！
因此，我特别发起了【透气感妈妈成长计划】
期望用七天的时间，我们一起透透气，
慢一点，松一点，活好自己，顺带育儿！

立刻扫码，和我们一起，做透气感妈妈！

凭此书获得：
1. 20 个经典案例解读音频
2. 与花卷妈深度链接
3. 七天透气感妈妈成长计划名额

⑫ 孩子犯了错不敢承认？
关注问题解决——三合一批评法

第一步 —— 说具体行为 + 确认信息一致

> **举例** 听你们老师说，你的卷子上有"家长"的签字。——具体行为
> 你能跟我说说发生了什么吗？——确认信息一致

第二步 —— 说出孩子的感受

> **举例** 你这次没有考好，你害怕让爸爸妈妈知道，对吗？我相信你不是有意想骗我们的。你其实也想考个好成绩，你对自己有很高的要求，你希望自己成为更好的自己。

> **花卷妈提醒**
>
> 如果孩子意识到了自己的问题，就不应该继续批评他了，应该做的是引导他解决问题。

第三步 —— 引导孩子解决问题

> **举例** 相信你可以找到别的方法，来让你的成绩变得更好。我们来想一想，你都试了哪些方法？还有什么方法呢？

应用场景

孩子犯错、作弊，不敢承认错误

> **花卷妈提醒**
>
> 1. 批评时，聚焦的点不是孩子哪里错了，而是应该怎么做。
> 2. 批评尽可能一对一。

嗨，亲爱的你：

我是花卷妈，见字如面，对你说点真心话……

大约十年前，刚怀上花卷那会儿……

我天天都在想，怎么样做一个好妈妈？
想搞清楚到底什么样的育儿方式，对我的孩子是最好的。
第一次做妈妈，绷得太紧，事事都想亲力亲为。
内心一刻不得安宁，"鸡娃"并没有让我开心，反而让我更焦虑。

大约四五年前，我决定放手……

原地"躺平"，放手不管孩子。
可是放手后，面对家人和社会的声音，我不仅没有得到释放，
反而常常因做得还不够好而自责。

我像钟摆一样：时而"鸡娃"，时而"躺平"……

我真的很困惑，难道就没有适合咱们中国妈妈的、更轻松的育儿方式吗？
既能松弛地做自己，又可以轻松地养好孩子。

终于，在和 2 万多位妈妈沟通后，我发现：
其实，做妈妈真的不必太用力！

"做一个透气感妈妈"
活好自己 顺带育儿

当妈妈并不容易，又带孩子，又工作养家，
生活中没有"轻松"二字。

但是无论如何，我们的能量可以全部用于创造自己想要的生活！
因此，我特别发起了【透气感妈妈成长计划】
期望用七天的时间，我们一起透透气，
慢一点，松一点，活好自己，顺带育儿！

立刻扫码，和我们一起，做透气感妈妈！

凭此书获得：
1. 20 个经典案例解读音频
2. 与花卷妈深度链接
3. 七天透气感妈妈成长计划名额

13 孩子太磨蹭？
"启动公式"让孩子动起来

启动公式

我看见

我看见——
说出看到的孩子的行为

举例
哇，我看到小牙杯已经装满水了，不错。

下一步行动

下一步行动——
聚焦下一步动作

举例
好，现在拿起牙膏，挤出小豆子大小的一粒牙膏，对！挤出来了，大小刚刚好。现在开始刷牙吧！

应用场景

孩子拖拉磨蹭

花卷妈提醒

孩子拖延，往往是因为专注力容易分散。父母需要做到以下两点。
1. 给予行动支持："我会陪着你。"
2. 给予情感支持：肯定孩子已经完成的行动。

嗨，亲爱的你：

我是花卷妈，见字如面，对你说点真心话……

大约十年前，刚怀上花卷那会儿……

我天天都在想，怎么样做一个好妈妈？
想搞清楚到底什么样的育儿方式，对我的孩子是最好的。
第一次做妈妈，绷得太紧，事事都想亲力亲为。
内心一刻不得安宁，"鸡娃"并没有让我开心，反而让我更焦虑。

大约四五年前，我决定放手……

原地"躺平"，放手不管孩子。
可是放手后，面对家人和社会的声音，我不仅没有得到释放，
反而常常因做得还不够好而自责。

我像钟摆一样：时而"鸡娃"，时而"躺平"……

我真的很困惑，难道就没有适合咱们中国妈妈的、更轻松的育儿方式吗？
既能松弛地做自己，又可以轻松地养好孩子。

终于，在和 2 万多位妈妈沟通后，我发现：
其实，做妈妈真的不必太用力！

"做一个透气感妈妈"
活好自己 顺带育儿

当妈妈并不容易，又带孩子，又工作养家，
生活中没有"轻松"二字。

但是无论如何，我们的能量可以全部用于创造自己想要的生活！
因此，我特别发起了【透气感妈妈成长计划】
期望用七天的时间，我们一起透透气，
慢一点，松一点，活好自己，顺带育儿！

立刻扫码，和我们一起，做透气感妈妈！

凭此书获得：
1. 20 个经典案例解读音频
2. 与花卷妈深度链接
3. 七天透气感妈妈成长计划名额

⑭ 孩子没目标没追求？
上拉下推，帮助孩子建立目标

命中感受
展现对孩子的关切，消除孩子抵触情绪

举例 是不是今天上课握笔姿势还不太好，写不好字，被老师批评了？你当时很委屈吧？你当时有没有哭？到这儿来，妈妈抱抱。

罗列方法
将目标拆解成可持续的行动

举例 妈妈看了，有些字还不熟悉、不认识，我们一起把这些字罗列出来，看看用什么方法可以解决这个问题。你也想想，我也想想，总能想出解决的办法。

及时激励
对每一个节点及时进行反馈

举例 你看你已经记住了10个字了，而且没有写错。这是你自己做到的，你进步很大。

定目标三步法

应用场景

孩子没目标、没动力

花卷妈提醒
定目标本身不难，难的是拆解步骤并达成目标的过程。
1. 从最小行动开始推进。
2. 每个节点及时进行反馈。

嗨，亲爱的你：

我是花卷妈，见字如面，对你说点真心话……

大约十年前，刚怀上花卷那会儿……

我天天都在想，怎么样做一个好妈妈？
想搞清楚到底什么样的育儿方式，对我的孩子是最好的。
第一次做妈妈，绷得太紧，事事都想亲力亲为。
内心一刻不得安宁，"鸡娃"并没有让我开心，反而让我更焦虑。

大约四五年前，我决定放手……

原地"躺平"，放手不管孩子。
可是放手后，面对家人和社会的声音，我不仅没有得到释放，
反而常常因做得还不够好而自责。

我像钟摆一样：时而"鸡娃"，时而"躺平"……

我真的很困惑，难道就没有适合咱们中国妈妈的、更轻松的育儿方式吗？
既能松弛地做自己，又可以轻松地养好孩子。

终于，在和 2 万多位妈妈沟通后，我发现：
其实，做妈妈真的不必太用力！

"做一个透气感妈妈"
活好自己 顺带育儿

当妈妈并不容易，又带孩子，又工作养家，
生活中没有"轻松"二字。

但是无论如何，我们的能量可以全部用于创造自己想要的生活！
因此，我特别发起了【透气感妈妈成长计划】
期望用七天的时间，我们一起透透气，
慢一点，松一点，活好自己，顺带育儿！

立刻扫码，和我们一起，做透气感妈妈！

凭此书获得：
1. 20 个经典案例解读音频
2. 与花卷妈深度链接
3. 七天透气感妈妈成长计划名额

15 **孩子喜欢吃零食**
改掉孩子爱吃糖的坏习惯——合作三步法

**合作
三步法**

响应情绪
理解孩子的本能欲望

举例 妈妈也爱吃糖，我也觉得糖甜甜的，很好吃。我理解你想吃糖的那种心情。

积极回应
商量满足彼此的方法

举例 糖果可以吃，但别吃那么多，一个星期吃个一次两次，你觉得行不行？咱俩商量一下。

明确行动
把方法落实到行动

举例 你希望周几是吃糖日？我们记录下来，别错过了。到那一天妈妈会提醒你的。

应 用 场 景

孩子吃糖、喝可乐、
看电视、玩游戏等

花卷妈提醒

信守承诺，真正落实。

嗨，亲爱的你：

我是花卷妈，见字如面，对你说点真心话……

大约十年前，刚怀上花卷那会儿……

我天天都在想，怎么样做一个好妈妈？
想搞清楚到底什么样的育儿方式，对我的孩子是最好的。
第一次做妈妈，绷得太紧，事事都想亲力亲为。
内心一刻不得安宁，"鸡娃"并没有让我开心，反而让我更焦虑。

大约四五年前，我决定放手……

原地"躺平"，放手不管孩子。
可是放手后，面对家人和社会的声音，我不仅没有得到释放，
反而常常因做得还不够好而自责。

我像钟摆一样：时而"鸡娃"，时而"躺平"……

我真的很困惑，难道就没有适合咱们中国妈妈的、更轻松的育儿方式吗？
既能松弛地做自己，又可以轻松地养好孩子。

终于，在和2万多位妈妈沟通后，我发现：
其实，做妈妈真的不必太用力！

"做一个透气感妈妈"
活好自己 顺带育儿

当妈妈并不容易，又带孩子，又工作养家，
生活中没有"轻松"二字。

但是无论如何，我们的能量可以全部用于创造自己想要的生活！
因此，我特别发起了【透气感妈妈成长计划】
期望用七天的时间，我们一起透透气，
慢一点，松一点，活好自己，顺带育儿！

立刻扫码，和我们一起，做透气感妈妈！

凭此书获得：
1. 20个经典案例解读音频
2. 与花卷妈深度链接
3. 七天透气感妈妈成长计划名额